BLU ZINE 02

고양이

[BLUZINE]의 두 번째 이야기는 당신 곁의 고양이입니다.

고양이. 전 세계에서 가장 사랑받는 반려동물 중 하나입니다. 그러나 모두에게 환영받는 존재는 아니지요. 고양이를 무서워하는 누군가처럼, 고양이를 만나면 피하기 일쑤였습니다. 그런데 언젠가부터 고양이가 사랑스럽게 느껴졌습니다. 언제부터 사랑에 빠졌는지는 잘 모르겠습니다.

어떤 유명한 소설가는 '한 마리의 고양이는 또 다른 고양이를 부른다'고 했습니다. 안 키워본 사람은 있어도 한 마리만 키우는 사람은 드물다는 겁니다. 대체 고양이의 어떤 매력이 우리 마음을 사로잡는 것일까요?

얼마 전 흥미로운 기사를 보았습니다. 고양이가 출판계를 뒤흔든다는 내용이었습니다. 판매량이 작년에 비해 160% 가까이 늘었다고 하죠. 책에까지 그 영향력을 미친 것을 보니 고양이가 요즘 대세이긴 한가 봅니다.

[BLUZINE]의 두 번째 여정은, 그래서 고양이입니다. 오래 전부터 우리 곁에 있었던 고양이, 어쩌면 너무나도 일상이어서 눈길조차 주지 않았던 고양이, 하지만 다시 우리 곁으로 다가온 고양이에 주목하려 합니다. 고양이에 관한 소소한 일상을 나누며 우리 역시 고양이에게 조금 더 가까이 다가가보면 어떨까요?

이제, 나와 당신의 고양이 이야기를 함께 나눠보기로 해요.

CON
TENTS

고양이

고양이를 왜 좋아하세요?
그냥, 고양이니깐!

고양이의 매력은 어떤 점이냐는 물음에
고양이 존재 자체를 꼽는 사람들이 꽤 많다.
딱히 꼽을 점이 없어서라기보다 정말 그냥.
블루진은 궁금했다.
도대체 '그냥'이라고 말할 만큼의 이유가!
그래서 고양이만이 갖고 있는 묘한 매력들을 펼쳐 보았다.
또한 고양이와 함께 교감하는 사람들의 이야기도 함께.

Part I
고양이, 마음을 사로잡다

묘한 **매력**

탐묘인간(貪猫人間)의
탐묘인생(貪猫人生)

탐묘(貪猫) : 고양이(猫)를 탐(貪)하다

어느 날 우연히 고양이를 만나 탐묘인생을 살게 된

한 탐묘인간의 고양이 예찬

에디터님이 실수로 '탐묘인생'이라고 말했을 때 짐짓 빈정이 상한 척 "제 작품의 제목은 '탐묘인간'입니다"하고 매몰차게 정정했지만, 나는 몰래 속으로 생각했다.

'옳다구나!
이걸 글 제목으로 하자! 역시 에디터는 실수마저 어시스트구나……!'

탐묘인생 말고도 탐묘일기, 탐묘생활 등 사람들이 다른 이름으로 종종 착각하곤하는 '탐묘인간'은 내가 2011년부터 2013년까지 포털에서 연재했던 고양이 생활툰의 제목이다. 탐묘(貪猫)는 고양이(猫)를 탐(貪)하고 아낀다는 뜻. 웹툰을 연재하기시작한 것은 2011년부터지만 고양이를 데려와 '탐묘인생'을 시작한 것은 2004년으로, 벌써 13년의 시간이 흘렀으니 어디 가서 나 이제 제법 탐묘인생 좀 살았다고말할 수 있겠다.

어느 날 시작된 탐묘인생

2004년 한여름, 탐묘인생이 시작되었다. 처음 만났을 때 길에서 뒹굴며 내 다리에 매달리던 고양이는 이제 14살이 되었고(당시 수의사에게서 이빨 상태로 봐서는 나이가 꽤 있다는 이야기를 들었지만 애써 무시하기로), 20대 초반의 나는 30대 중반의 나이가 되었다. 내 행동 하나하나를 주시하며 나에게 올인하던 고양이는 이제 만사에 무덤덤한 어르신(!)이 되었고, 나는 반대로 내 고양이의 행동 하나하나가 애틋해졌다. 건강에 별다른 이상이 없다는데도 조금씩 작아지는 내 고양이의 모습. 갖은 캔으로도 간식으로도 더 이상 확대의 주문이 통하지 않아 타고난 고양이 확대범(고양이를 살찌게 만드는 사람을 고양이 확대범이라고 한다!)이라고 자부했던 나의 자존심을 박박 긁어놓더니 급기야 며칠 전엔 화장실에서 휘청거리며 볼일을 보는 모습으로 가슴이 미어지게 한다. 내 인생에서 이렇게 가슴이 미어져본 적 있었던가. 연락 없는 소개남도, 옥천 버뮤다를 헤매는 택배도 이렇게 나를 애타게 한 적이 없는데, 네가 뭐라고 나를 이렇게 마음 아프게 하니.

한 생명을 데려와 놓고 이렇게 소중해질 줄 몰랐다고 하면 책임감 없어 보이겠지만, 나는 처음부터 고양이를 좋아하고 아끼는 탐묘인간은 아니었다. 사실 고양이보단 개가 좋고 고양이의 많은 것들(칼눈, 울음소리 등등)이 무서웠다. 지금처럼 고양이와 반려하는 사람들이 많았던 것도 아니고, 도둑고양이라는 말을 반감 없이 쓰던 때라 내 편견을 깨부숴줄 사람도 없었다. 막연한 편견을 가지고 멀리하던 때에 고양이가 직접 내 인생으로 걸어 들어온 것이다. 제대로 된 정보가 하나도 없던 나는 고양이의 모든 것이 당황스러웠다. '왜 이렇게 잠을 많이 잘까, 어디 아픈 건가', '왜 이렇게 털이 많이 빠지지, 피부병인가', '왜 이렇게 몸을 말도 안 되는 각도로 구기고 있어, 어디 뼈가 상한 건 아닐까?' 지금 생각하면 웃음이 나올 정도로 고양이를 몰랐다.

탐묘인간이 되다

같이 살기 시작한 지 여러 날, 고양이의 칼눈은 그저 세로로 길게 찢어져있기만 한 게 아니라 때때로 변한다는 사실을 깨달았다. 고양이의 동공은 어두울 때 동그래지고 흔들리는 장난감을 볼 때는 더 동그래진다. 옆에서 보면 꼭 맑은 유리구슬 같다. 사뿐사뿐 걸어 다니는 말랑한 발바닥을 젤리라고 한다는 것도, 목에서 내는 모터소리는 기분이 좋아서라는 것도 알았다. 무시무시하게 빠지는 털은 귀여움과 비례한다는 것도 알았다.

속설과는 달리 고양이도 외로움을 탄다. 현관문을 열면 자던 눈을 부스스하게 뜬 채 마중을 나오고, 손짓으로 부르면 '도도도' 달려온다. 단, 귀찮지 않을 때에 한해서지만……. 고양이에 빠지는 데에는 오랜 시간이 필요하지 않았다. 나도 탐묘인간이 된 것이다.

내 앞의 고양이를 통해 깨달은 것

그때부터 지금까지, 2마리의 고양이와 함께 보낸 탐묘인생 13년. 고양이를 키우고 나서야 그 전에는 생각해본 적 없던 것들을 생각한다. '아주 오래 전에 우리 집에서 잠시 키우다가 다른 집에 보낸 개가 있었지', '개는 한 번 가족은 끝까지 가족이라고 생각한다는데 마지막 순간까지 우리를 찾았으면 어떡하지', '아, 그때 그 사람에게 그렇게 냉정하지 말 것을……' 고양이를 키우기 시작한 이후로 사람에게든 동물에게든 지나간 순간들이 견딜 수 없을 정도로 미안해질 때가 생겼다. '미유가 만약 나랑 헤어졌다면 나를 얼마나 찾았을까'라고, 지금 내 고양이를 대하는 마음으로 다시 생각하면 정말 그렇게 된다.

20대 초반부터 30대 중반인 지금까지 거의 매일 24시간을 붙어 있었던 내 고양이. '오늘도 빈 손이냥? 덩치만 컸지 사냥도 할 줄 모르고', '좀 닦고 다녀라 오늘만 내가 그루밍 해줄게!' 꾀죄죄한 동거인을 늘 걱정했던 내 고양이. 매일 내 머리맡에서 잠을 자는, 검은 털이 희끗하게 변했고 예전만큼 움직임이 날렵하지 못한 내 고양이. 미유가 없으면 어떻게 살까, 내가 견딜 수 있을까? 나는 지금에야, 시간은 너무 빨리 지나가고 소중한 존재는 언제나 빨리 떠나간다는 사실을 내 앞의 고양이 한 마리를 통해 깨닫는다. 소중한 존재를 후회 없을 만큼 소중히 대해야 한다는 사실도 탐묘인간이 되면서 겨우 알게 되었다.

'너 이제 좀 쓸 만한 사람이 되었구나?
예전엔 참 못 봐줄 정도였다냥'

14살 내 고양이의 목소리가 들리는 것 같다. 🐾

글·사진 soon

웹툰 작가. soon은 필명이다.
2011년부터 2013년까지 웹툰 [탐묘인간]을
다음에서 연재했고, 동명의 책이 현재 출간되어 있다.

1. 세모 입

나는 고양이를 사랑한다.
고양이는 눈으로 확인할 수 있는
내 집의 영혼이다.

\- 장 콕토

임모양도
예쁜 내 새끼

찰칵-
   찰칵-

2. 목소리

난 특히 갸르릉거리는
고양이를 보면 참을 수 없다.
고양이들은 내가 아는 것 중
가장 깔끔하고,
매력 있으며,
영리한 존재다.

- 마크 트웨인

왜 이러지?
어디 아픈가?

끌끌끌~

3. 젤리뱃살

이 손
치우라냥!!!!!!

오라, 내 아름다운 고양이여
사랑으로 불타는 이 가슴 위로
너의 발톱 감추고.
금은과 마노 섞인 황홀한 네 눈 속으로
나를 빠져들게 해주렴.

둥글고 매끈한 잔등과 머리를
슬쩍 내 손가락이 스칠 때면,
또는 전율이 느껴지는 너의 몸을 만지며
한껏 기쁨에 취할 때면,

나는 마음속에서 내 연인을 본다.
그 눈초리는 그대와 같아서,
깊고 차갑게, 투창과 같이 자르고 꿰뚫는다.
머리부터 발끝까지
미묘한 분위기, 위태로운 향기는
갈색의 그 몸뚱이 사방에 풍겨난다.

- 샤를 보들레르, [고양이]

4. 발젤리

집사야 시원하다냥?

♥ 꾹- 꾹- 꾹- 꾹-

고양이의 발은 있어도 없는 것과 같다.
어디를 걸어도 엉성한 소리가 난 적이 없다.
하늘을 밟듯, 구름 속을 가듯,
수중에서 경을 치듯, 동굴 속에서 비파를 타듯,
묘미를 맛보고 그것을 말로 나타내지는 못할지라도
차고 뜨거움을 절로 아는 것과 같다.

- 나쓰메 소세키, [나는 고양이로소이다] 중에서

5. 부드러운 털

고양이 코트보다
더 사랑스러운 것이 있을까?
피부에 닿는 감촉이
그처럼 부드럽고 우아하고
따뜻하고 생동감 있는 것은 없다

- 기 드 모파상

털이 좀 짧으
덜 뽑어낼까

엉키지 않게
잘 빗으라냥!

6. 존재 그 자체

**고양이는
신이 빚어낸 최고의 걸작품이다.**

- 레오나르도 다 빈치

고양이는 인간의 거울: 사랑과 증오의 역사

미술 작품으로 바라본 고양이의 역사

고양이는 오래 전부터 인간과 함께 살아왔다. 고대 이집트 벽화에서 현대 미술에 이르기까지, 때로는 찬사의 대상으로, 때로는 증오의 대상으로 수많은 예술 작품 속에 등장하는 고양이의 모습이 그 증거다. 고양이는 인간사에 어떻게 존재해왔는가?

[늪지에서 사냥하는 네바문] (네바문 무덤 벽화 중 일부)
기원전 1359년경, 신왕국 18왕조, 98x83cm, 대영 박물관

인간은 동물과 함께 살아왔다. 대부분의 동물들이 고기와 가죽, 우유와 뼈(무기) 등을 제공하는 가축으로서 주로 소비되어왔다. 개와 고양이는 예외였다. 개는 사냥의 동반자라는 독특한 자리를 차지하면서 남자들의 곁에서 살기 시작했고, 쥐를 잡는 사냥꾼인 고양이는 곡식창고를 지키면서 인간과 더불어 살기 시작했다. 하지만 그림 속에서 개는 주로 긍정적인 모습으로 묘사되는 반면, 고양이는 긍정과 부정이 팽팽하게 맞선다. 그리하여 고양이는 찬사와 증오를 동시에 받는 유일한 동물이 되었다. 그림은 물감의 충돌과 집합이 아니라, 인간의 생각을 드러내는 표현물이니 고양이를 향한 인간의 시선은 복합적이라 할 수 있다. 무엇이 인간으로 하여금 고양이를 극단적으로 상반된 이미지의 동물로 보게 만들었을까? 그 답은 4천여년 전 고대 이집트에서부터 시작된다.

고양이는 고마운 동물

커다랗고 뾰족한 귀와 긴 꼬리, 야생의 흔적이 확연한 이 고양이는 생김새는 조금 다르지만 분명 요즘 고양이의 먼 조상이다. 고양이의 직계 조상인 펠리스 실베스트리스(Felis Silvestris, 들고양이)는 약 7백만 년 전에 지구에 등장했으며, 유전자 분석 결과 현대의 모든 집고양이들은 아프리카 야생 담황색 고양이로부터 진화해왔다. 벽화에서 볼 수 있듯이, 야생 고양이는 주로 습지의 새나 들쥐 등을 사냥하며 살았다. 야생동물이라면 인간을 경계하고 적대적인 태도를 보여야 하는데, 이 벽화 속 고양이는 마치 사냥 파트너처럼 인간과 친근해 보인다. 벽화가 그려지기 전에 이미 고양이는 인간 세계로 들어와 살기 시작했다고 봐야 한다. 이보다 6백여년 앞선, 기원전 2000년경에 만들어진 고대 이집트 묘비에 이미 고양이 상형문자가 등장하며, 기원전 1900년경 나일강 부근의 크눔호테프 3세(Khnumhotep III)의 무덤 벽화에 색깔이 칠해진 고양이가 발견된다. 인간과 고양이의 동거는 고대 이집트가 농업국가였다는 점에서 비롯됐다.

비옥한 땅에 농사를 지어 먹고 살던 이집트에서 쌀과 각종 곡식을 몰래 먹어치우는 각종 설치류와 쥐는 커다란 골칫거리였다. 식량이 곧 생존이던 당시에 쥐는 외국 군대만큼 위험했다. 그런데 작은 몸집의 아프리카 야생 고양이가 탁월한 쥐사냥꾼이었다. 심지어 인간의 곡식은 줘도 먹지 않았으니 최적의 창고지기였다. 고양이가 필요했던 이집트인들은 고양이를 잡아두기 위해 물고기 등을 먹이로 주면서 창고 근처에 살도록 유도했다. 쥐가 고양이에게 잡아먹히듯, 야생의 고양이는 여우나 호랑이 등에게 잡아 먹혔다. 하지만 인간 곁에 살면 그 위험이 현저히 줄어들었다. 이렇게 서로의 이익이 절묘하게 맞아 떨어지면서 인간과 야생 고양이의 공존이 시작되었다. 특히 파라오가 창고지기였던 고양이에게 반신(半神)의 지위를 부여하면서 이집트인들과 고양이의 관계는 더욱 좋아졌다. 고양이를 보살피는 사람들에게는 세금감면 혜택을 줄 정도였다. 특히 고의든 우연한 사고로든 고양이를 죽인 사람은 사형에 처해졌을 정도로 고양이를 해하거나 죽이는 행위는 엄격하게 금지되었다. 이렇게 해서 고양이는 여신 바스텟(Bastet)이 되어 이집트인들의 사랑과 숭배를 받았다. 여기서 고양이의 긍정적인 이미지가 비롯됐다. 그러나 세상을 선과 악의 이분법으로 재단했던 중세로 접어들면서 고양이에게 부정적인 이미지가 본격적으로 덧씌워진다.

[아비도스의 고양이 미라]
기원전 1세기, 높이 46cm, 런던 영국박물관

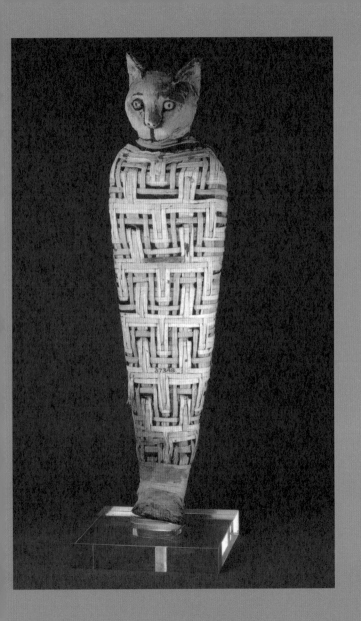

고양이는 악의 동물

고양이는 평소에는 껴안아주고 싶을 만큼 사랑스러운 동물이지만, 쥐를 잡을 때는 폭력적이고 무자비한 야생 동물로 돌변한다. 이런 고양이의 양면성에서 신뢰할 수 없는 동물이라는 부정적인 이미지가 비롯된다. 만약 고양이가 평온한 상태에서 전투상태로 재빨리 돌변하지 못한다면, 쥐를 잡을 수 없을 것이다. 그러니까 고양이의 긍정과 부정의 이미지는 같은 뿌리에서 비롯된다. 고양이의 본능보다 그것을 바라보는 인간의 시선이 원인이다. 인간은 쥐를 싫어하고 두려워한다. 고양이는 그런 쥐를 잡는다. 인간은 인간이 싫어하는 쥐를 잡는 고양이가 유익하고, 고마운 한편 자기보다 강한 존재로 보이니 두렵다. 두려움을 심리적으로 상쇄시키기 위한 인간의 마음은 숭배와 거부라는 정반대의 두 방향으로 향한다. 바스텟이 숭배였다면, 악마의 동물은 거부이다. 거부만으로는 두려움을 말끔히 없앨 수 없기에 인간은 고양이를 비윤리적인 동물이라 말하게 된다. 왜냐면 고양이가 두려워서 싫다고 말하는 것은 나약함의 증거이나, 고양이가 비윤리적이어서 싫다고 말하는 것은 떳떳하고 정당하다. 이런 심리와 교회의 제도가 만나면서 고양이의 암흑기가 도래했다. 1232년 교황 그레고리 11세는 검은 고양이와 같은 악마를 숭배하는 이단자들을 뿌리 뽑기 위해 종교재판을 소집한다. 여기서 고양이는 마녀의 부하 혹은 악마의 동물 등으로 간주되었고, 마녀사냥에도 직접적으로 연루되었다. 헤아릴 수 없이 많은 고양이들이 마녀처럼 산 채로 불태워지거나 강에 던져졌다.

이런 고난의 시기를 지나 유럽은 르네상스로 접어들었고, 과학과 이성의 시대가 열렸다. 인간을 인간으로 바라보고, 고양이를 신도 악마도 아닌 고양이 그 자체로서 보기 시작했다.

히로니뮈스 보스, [쾌락의 정원](부분)
1480~1505년, 패널에 유채, 마드리드 프라도 국립미술관

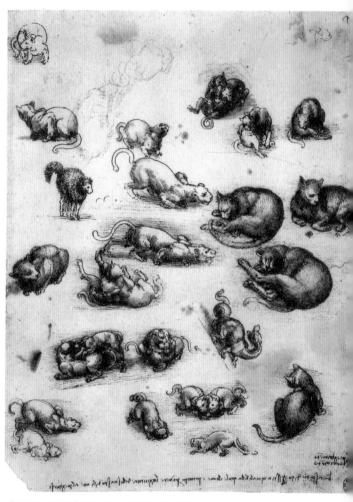

레오나르도 다 빈치, [고양이, 용, 그리고 다른 동물 연습]
1513~1515년, 종이에 분필 드로잉, 27×21cm, 윈저성왕립도서관

고양이는 고양이다.

'가장 르네상스적인 인간' 레오나르도 다 빈치의 그림에서 고양이는 고양이일 뿐이다. 그는 고양이의 여러 동작들을 치밀하게 관찰해서 기록하였고, 이 그림에서는 고양이가 무엇인지, 과연 고양이로 불리는 이 동물은 무엇으로 이뤄졌는지 등, 고양이의 본질을 탐구하려는 그의 태도가 오롯이 느껴진다. "고양이는 신이 빚어낸 최고의 걸작품"이라며 고양이를 사랑했던 다 빈치는 이 스케치를 통해 '나는 고양이를 고양이로서 보고 대하겠다. 이를 위해 우선 고양이가 무엇인지 알아야겠다'라고 선언하는 듯하다. 눈에 보이는 것은 보이는 대로 그리고, 고양이는 고양이로 대한다, 이것이 르네상스의 사고방식이다. 그런데 이 그림을 자세히 보면 한 가지 재미있는 사실을 발견할 수 있다. 여러 포즈의 고양이들 사이에 있는 작은 용한 마리인데, 용은 서양에서 악마와 연결되는 가장 대표적인 상상 속 동물이다. 그러니까 다빈치의 머릿속에서 '고양이 → 악마 → 용'의 연상 작용이 일어났던 것 같다. 형태의 유사함은 행태의 유사함을 담보하지 않는다. 비슷하게 생겼다고 비슷한 행동을 하리라는 예상은 그렇게 믿고 싶은 인간 심리의 발현이다. 다 빈치는 아마도 그런 사실까지 이 그림으로 기록하고 싶었던 것일까?

이후로 유럽 역사에서 고양이는 화가·예술가·지식인 등의 노력으로 현자의 동물, 가장 사랑스런 동물 등의 자리를 차지하며 더 이상 쥐를 잡지 않고 인간과 마음을 나누는 가족이 되었다.

메리 커샛, [고양이와 노는 아이들]
1908년, 캔버스에 유채, 104.14×83.82cm, 개인 소장

고양이는 사랑스런 가족

인상파의 활동시기와 애완동물 고양이의 황금기는 겹친다. 고양이의 역할이나 이미지의 변화는 크지 않았으나, 고양이를 담고 있는 캔버스의 변화가 컸다. 그중에서도 '화가=남자'라는 공식이 깨지면서, 그동안 남성 화가들에 의해 그려지지 않았던 풍경과 일상의 모습들이 그려졌다. 특히 메리 커샛은 아기에 대한 모성과 동물에 대한 사랑이 다르지 않음을, 가족구성원으로 당당하게 자리를 차지한 고양이를 통해 보여주고 있다. 진회색 고양이를 안은 소녀와 아기를 안은 엄마는 고양이를 향하는 아기와 그런 아기를 보는 소녀의 시선을 통해 서로 소통한다. 고양이의 꼬리와 엉덩이를 손으로 받친 소녀는 나이가 들면 엄마처럼 아기의 엉덩이를 손으로 받치며 자애로운 엄마가 될 것이다. 고양이에게 닿으려는 호기심어린 아기의 손은 머지않아 누나(언니)처럼 고양이를 품안에 안고 쓰다듬을 것이다. 자신을 품어주는 품이 이리도 많은 고양이는 참으로 복되다. 이처럼 소녀와 고양이는 주인─애완동물의 '보호자─피보호자'를 넘어서 서로의 마음을 주고받는 '감정의 동반자'이다. 이것이 19세기 사람들에게 고양이가 준 선물이다. 따스하게 내리는 빛이 형성하는 장면의 온화함을 메리 커샛은 노랑과 파랑의 파스텔톤의 변주를 통해 이루어냈다. 옷이나 배경 등에서 사실적이지 않은 묘사로 정보는 줄었으나 정서는 커졌다. 이런 면에서 인상파는 눈의 시각적 인상이 아닌, 눈으로 바라보는 그 순간의 기분을 그림으로 그렸다고 볼 수 있다. 🐾

글·이동섭

예술작품으로 인간의 삶을
살펴보는 예술인문학자이다.

쉬잔 발라동, [부케와 고양이]
1919년, 캔버스에 유채, 66.5×35cm, 개인 소장

(41p) **피에르 오귀스트 르누아르, [고양이를 안고 있는 쥘리 마네]**
1887년, 캔버스에 유채, 65×54cm, 파리 오르세 미술관

(42~43p) **조지 스터브스, [앤 화이트 양의 새끼 고양이]**
1790년, 캔버스에 유채, 25.4×30.5cm, 개인 소장

명화 속으로 들어간 고양이

일러스트레이터 김소영 인터뷰

고양이 특유의 매력이 명화와 아주 잘 어울린다고 이야기하는 일러스트레이터 김소영은 동서양의 명화를 패러디함으로써 길 위의 생명 또한 명화처럼 가치가 있다는 메시지를 전달한다. 그의 그림 속에서 고양이는 달빛 아래 연인과 사랑을 속삭이기도 하고, 진주귀걸이 대신 진주방울을 목에 둘렀으며, 피리 대신 생선을 불기도 한다.

45

안녕하세요. 본인 소개 부탁드립니다.

일러스트레이터 김소영입니다. 어린이 그림책과 학습지에 삽화 그리는 일을 오랫동안 해왔습니다. 지금은 제 그림을 이용해 생활소품을 만들어 판매하고 있습니다. 1인 스타트업 창업 기업인 'Flyway1324' 대표입니다. 동물을 좋아해 관련 그림을 자주 그리고, 동물 인형을 취미로 만들기도 합니다.

그림을 전공하셨나요?

광고 디자인을 전공했습니다. 학교에서 컴퓨터 그래픽 디자인 툴을 처음 접했는데, 당시에는 익숙하지 않아 하기 싫었던 기억이 있습니다. 하지만 그때 배운 컴퓨터 디자인 툴을 지금까지 잘 활용하며 살고 있습니다. 먹고살기 위해 아주 잘 배워두었던 기술 중 하나인 것 같아요.(웃음)

고양이로 명화를 패러디한 그림이 인상적입니다. 그림을 그리게 된 계기가 있다면요?

2015년 어느 날 아침이었어요. 새벽녘 즈음에 동네 골목을 지나다가 우연히 길고양이 사체를 보았습니다. 머리 쪽이 처참한 게 살해당한 느낌이었어요. 하루 종일 마음이 좋지 않았죠. 일주일 후, 비슷한 시간에 다시 그 길을 걸어가고 있는데 검은색 길고양이 한 마리가 지나가더군요. 그 전의 일도 있고 해서 "넌 조심해서 다녀~" 라는 말을 건넸어요. 그런데 한 시간쯤 뒤에 다시 그 길을 지나는데 조금 전에 봤던 그 녀석이, 인사하며 지나쳤던 그 길 근처의 맨홀 바닥 위에 죽어있는 게 아니겠어요? 흰색 부분이 하나도 없는 검은 고양이었어요. 제 생각이지만 두 마리 다 누군가에게 죽임을 당한 것 같아요.

평소 길고양이를 자주 봐왔지만 2주 연속으로 죽은 길고양이를 마주하게 되니 안타까운 마음이 떠나질 않았습니다. 동물 관련법도 그렇고 사회인식도 그렇고, 아직까지 우리나라는 동물이라는 생명체에 대한 배려가 부족한 것 같습니다. 그래서 제가 가진 재능으로 이 아이들에게 어떤 도움을 줄 수 있을까 생각하다가 길고양이로 명화 패러디를 시작하게 되었습니다. '가치 없이 버려지고 유기된 생명도 우리가 가치 있게 생각하는 명화만큼이나 소중하다'라는 메시지를 전달하고 싶었어요.

길고양이 패러디 그림으로 상도 받으셨죠?

올해 코트라에서 주최한 아트 콜라보 공모전에서 '굿 융합상'을 받았어요. 감사한 일이죠. 처음 시작할 때는 순수하게 그림만 그렸습니다. 근데 제 그림을 좋아해주시는 분들을 계속 만나다보니 기왕 이렇게 된 거 아예 상품으로 만들어보자는 용기가 생겼죠. 혼자 작업하지 말고 좀 알려보자는 생각도 들었어요. 그래서 공모전에 참가하고 전시회도 나갔습니다. 2016년에는 국제도서박람회에 그림엽서와 손수건 몇 장, 아트 포스터 등을 들고 나갔는데 많은 분들이 반응을 해주셨어요. 익숙한 명화를 활용해서 그런지 친숙함이 있나 봐요. 여하튼 아트 콜라보 공모전 덕택에 기업과 매칭이 되어 제품을 출시하기로 했습니다. 아직 상용화되지는 않았어요.

고양이를 키우고 계신가요?

저는 아이러니하게도 강아지만 3마리 키웠어요. 지금은 2마리가 먼저 무지개다리를 건너고 한 마리만 남아있죠. 고양이는 어릴 때 키웠어요. 고양이에 대한 좋은 추억만 가지고 있습니다. 강아지와 다르게 뼈가 유연해 안을 때 아주 폭신한데, 그 느낌을 정말 좋아합니다. 사실 고양이도 키우고 싶은데 저희 강아지가 굉장히 노견이라 예민해서 같이 키우기는 힘든 상황이에요. 언젠가 기회가 된다면 버려진 아이를 입양할 생각입니다. 아무래도 제가 길고양이 패러디 그림을 그리다보니 고양이를 키울 거라고 많이들 생각하세요. 제가 개를 키운다고 하면 원하던 대답이 아니라 그런지 막 웃으세요.

고양이는 털 길이가 어떻든 형태가 전체적으로 동일한 편이라 그림에 아주 잘 어울립니다. 그리고 고양이 특유의 도도한 모습은 명화에 아주 잘 어울리지요. 그래서 많은 화가들이 고양이 패러디를 한 것 같아요. 저도 나중에야 안 사실이지만 수잔 허버트라는 미국 일러스트레이터가 먼저 패러디를 많이 했더라고요. 그림의 동기도 다르고 스타일도 다르지만, 고양이가 명화에 얼마나 잘 어울리는지는 그분이 먼저 아셨던 것 같아요.

작가님의 그림에 대해 이야기해주세요.

제 명화 패러디는 서양화, 동양화, 팝아트로 나뉩니다. 그림을 자세히 보시면, 명화 원본과 제 그림의 내용이 조금씩 다른데요. 원화를 알고 있다면 쉽게 알아챌 수 있는 숨은 그림이 있죠. 예를 들어 마네의 피리 부는 소년을 패러디한다면, 고양이 얼굴에 피리 대신 고양이가 좋아하는 고등어를 그립니다. 진주귀걸이를 한 소녀를 패러디할 때는 진주방울을 목에 걸어줬는데, 이건 많이들 헷갈려하시더라고요. 진주'목걸이'를 한 소녀를 패러디한 거라고. 신윤복의 춘색만원 패러디는 선비 손에 곰방대 대신 쥐 모양의 장난감을 쥐어주고 여인의 바구니에는 봄나물대신 물고기 2마리를 넣어두었습니다. 제 그림을 보며 틀린 그림을 찾아내고 즐겁게 웃어주시면 됩니다.

명화를 선정하는 기준이 있나요?

그림을 선정하는 기준이 딱히 있는 건 아닙니다. 하지만 아무래도 많이 익숙한 그림이거나 아니면 상품을 제작했을 때 예뻐 보이는 구도의 그림이 좋죠. 또는 고양이를 매치시켰을 때 재미있어 보인다거나, 아니면 그냥 그림이 마음에 들어서 선택하는 경우도 있어요. 철저히 주관적인 기준이랄까요?

제 그림의 주인공들은 그냥 동네에서 우연히 마주치는 아이들입니다. 코숏(코리안 쇼트헤어)이라고 불리는 토종 고양이들이요. 친구가 가끔 밥 주는 길고양이 식구들 사진을 보내주는데, 그 아이가 주인공이 되기도 합니다. 길고양이를 예쁘게 사진 찍는 게 쉽지는 않더라고요. 길을 걷다가 예쁜 아이가 지나가서 사진 찍는다고 가방을 뒤적거리면 이미 가고 없습니다.(웃음)

작업하면서 어려운 점이 있다면요?

저는 디지털 작업으로 그림을 그립니다. 그렇다보니 작가마다의 고유한 터치를 흉내 내기가 어렵습니다. 사실 그 느낌을 재현해낸다는 게 말도 안 되는 이야기죠. 처음에는 아크릴 물감으로 그렸어요. 근데 상품을 제작하려면 스캔도 받아야 하고 절차가 조금 생기기에 아예 디지털로 그리기 시작했습니다. 인쇄를 용이하게 할 작정으로요. 하지만 인쇄라는 게 출력할 때마다 색이 조금씩 변하는지라, 그래서 원화가 없다는 게 한편으로는 조금 아쉽습니다.

명화 패러디 작품 중 가장 대중의 호응도가 높은 것은 무엇인가요?

마네의 피리 부는 소년 패러디가 단연코 1등입니다. 재미있는 것은 그 그림이 길고양이 패러디 그림 1호라는 점이죠. 피리 부는 소년이 워낙 유명한 작품이기도 하지만, 가장 애정을 담아 그려서인지 반응이 제일 좋습니다. 합성이냐고 묻는 분도 계셨어요. 원본과 비교해서 비례도 다르고, 색도 다르고, 터치도 다릅니다. 당연히 제가 그린 그림입니다. 두 번째가 베르메르의 진주귀걸이를 한 소녀 패러디입니다. 두 작품의 반응이 제일 좋은데 아마도 익숙한 명화라서 그런 듯해요.

최근 들어 고양이에 대한 관심이 부쩍 높아졌어요.

제가 고양이 그림을 본격적으로 그리기 시작한 게 2015년이었는데, 당시에도 이미 고양이 관련 시장이 많이 커져 있더라고요. 찾아보니 고양이 관련 용품이나 그림이 이미 많이 있었어요. 크고 작은 박람회에서는 고양이 특별관을 따로 마련할 정도였습니다. 덕분에 저도 계획했던 것은 아니지만 트렌드에 편승하게 되어 사업이라는 길을 걷게 되었는데요. 이건 차치하고, 고양이에 대한 관심과 배려가 더 많아졌으면 좋겠어요. 고양이와 사람이 함께 행복하게요. 또 이런 관심이 동물 보호법이나 제도를 마련하는 데 도움이 되었으면 좋겠습니다.

작품의 모델이 길고양이인데, 길고양이를 위해 특별히 활동하시는 게 있나요?

몇 년 전에 캣맘 카페에 가입을 하긴 했는데, 활동은 잘 하지 못하고 있어요. 마음은 있는데 몸이 안 따라주네요. 행동하시는 분들이 참 존경스럽습니다. 현재는 후원만 하고 있는 상태예요. 제가 만든 상품의 일정 수익을 후원하는 형태입니다. 돈보다는 행동이 먼저인데, 항상 마음만 가득하고 행동을 못해 죄송한 마음입니다. 한 가지 바람은 길고양이에 대한 사람들의 인식이 바뀌었으면 좋겠어요. 많이 좋아졌다고는 하지만 여전히 길고양이들의 환경은 열악하거든요. 덮어놓고 미워할 게 아니라 고양이의 생태를 이해하고 같이 사는 동반자로 인식해주셨으면 좋겠어요. 야밤에 도시를 누비는 친구 같은 개념으로요. 캣맘 분들이 물주고 밥 주는 일을 너그러운 눈으로 바라봐주셨으면 좋겠습니다. 이 땅에 함께 사는 동물을 홀대할 필요가 있을까요? 예전에 도시 비둘기에 관한 내셔널지오그래픽 다큐를 본 적이 있는데, 도시 비둘기에 관한 이야기였어요. 사람들은 비둘기가 더럽다며 안 좋게 생각하지만, 비둘기 입장에서는 자신의 영역에 인간이 집을 짓고 사는 거예요. 그냥 변화된 환경에 적응해 사는 거죠. 나무며 열매며 먹을 게 없고 사냥보다 쉬우니까 그냥 도시의 쓰레기를 주워 먹고 사는 거예요. 비둘기는 그저 본래 자신이 살던 동네에 사는 것뿐이래요. 길고양이 역시 마찬가지에요. 사회 구성원의 하나로서 봐주면 좋겠다는 생각입니다.

작가님의 그림이 어떤 작품으로 기억되기를 원하시나요?

보테로라는 콜롬비아 작가가 있어요. 저는 그분 작품이 재미있어서 좋아하거든요. 작품마다 유머가 넘쳐요. 그림의 장점이 언어를 몰라도 이해할 수 있다는 거잖아요. 그런 그림을 그리고 싶어요. 재미있고 행복한 작품, 함께 공감할 수 있는 작품이요. 길고양이 명화 패러디 그림을 전시해두면 사람들이 멀리서 보자마자 재미있다며 웃어요. 저는 그 모습을 보는 게 더 즐겁거든요. 제가 즐거운 마음으로 그린 그림은 관객들도 즐거워해요. 작가와 감상자가 함께 재미있어 하는 그런 그림을 그리고 싶어요.

앞으로의 목표가 있다면요?

우선은 일단 시작한 길고양이 패러디를 완성해야겠죠. 완성이랄 것까지는 없지만 재미있는 작업을 꾸준히 지속하고 싶어요. 그리고 제가 그림을 그리는 작가이기도 하지만 1인 스타트업으로 창업의 길을 걷다보니 사업가를 꿈꾸고 있기도 합니다. 제 상호가 'flyway1324'인데요. '1324'는 (기독교인이라) 하나님이 만든 세상이라는 의미가 담겨 있고, 'flyway'는 철새들의 비행길이라는 뜻입니다. 철새는 계산하거나 계획하지 않잖아요. 본능적으로 그들만의 삶을 살아갑니다. 비가 오든, 바람이 불든, 그냥 자신의 삶을 충실히 이행하기 위해 그 길을 항상 날아가요. 그 단순한 삶이 때로는 경이롭기까지 합니다. 생명이란 게 잠깐 있다가 사라지는 안개와 같다죠. 우리는 그 안개와 같은 시간을 살기 싫다고 안 살 수도, 더 살고 싶다고 살 수도 없잖아요. 주어진 삶이지만 충실하게 살아보자는 거예요. 어떤 일이 벌어질지는 알 수 없지만 포기하지 않고 꾸준하게, 제 자리에서 제 할 일을 하고 싶어요. 앞으로도 지치지 않고 창작 활동을 충실히 할 수 있기를, 그것이 저의 목표이자 작은 바람입니다. 🐾

에디터 · 김주현

집사소환!
나는 왜 길들여지는가?

1. 고양이 가족 **하탄미심**

Instagram ID / mo_harutan
follower / 3.2만

하루(HARU) #2살 #스코티시폴드 #엄마
연탄(TAN) #2살 #브리티시 쇼트헤어 #아빠
미유(MEYOU) #5개월 #스코티시폴드 #딸
심바(SIMBA) #5개월 #스코티시폴드 #아들

왜 고양이인가?

물론 처음에는 호기심이었어요. 하지만 지금은 삶의 일부분이죠. 고양이는 느리고 느긋합니다. 덕분에 저는 느림의 미학을, 그리고 인내심을 많이 배웠어요.

내 고양이의 매력은?

제 인스타를 보시는 분들은 어쩜 애들이 이리 순하냐고 하시는데, 그게 매력 같아요. 하물며 목욕하고 드라이를 해도 자거든요. 심바는 나무늘보 같아요.

2. 고양이계의 패셔니스타 **금보**

Instagram ID / gold_h
follower / 8.1만

#4살 반 #브리티시 쇼트헤어

왜 고양이인가?

막상 이유를 말하려니 뭐라고 해야 할지 모르겠네요. 그냥 좋아서요. 고양이는 도도해 보이지만 알고 보면 엉뚱한 매력이 가득하답니다. 독립심도 강하고 워낙 알아서 척척 잘 하니 손이 많이 안가서 편하기도 하고요.

내 고양이의 매력은?

보살 같은 매력?(웃음) 고양이들은 대부분 예민미가 있잖아요. 근데 금보는 하든 말든 식으로 무던하게 다 잘 받아들이는 것 같아요. 애교는 별로 없는데, 가끔 자기가 원하는 게 있을 때에만 자본주의 애교를 부리는 것도 웃기고 귀여워요.

3. 사랑스러운 두 형제 **율무보리**

Instagram ID / yulmu.bori
follower / 2만

율무 #2살 #스코티시 스트레이트
보리 #2살 #스코티시폴드

왜 고양이인가?

학생 때부터 고양이를 좋아해서 계속 묘연을 기다렸고 아이들을 만났습니다. 함께하지 않을 수 없었어요.

내 고양이의 매력은?

두 고양이가 함께인 것이 가장 큰 매력입니다!(율무와 보리는 한 뱃속에서 난 친형제랍니다) 투닥거리며 싸우기도 하지만 서로 그루밍도 해주는 둘도 없는 단짝친구이자 가족이에요.

4. 귀여운 수다쟁이 **루나 로즈**

Instagram ID / hello_luna_rose
follower / 32.7만

#1살 #스코티시폴드 믹스

왜 고양이인가?

두말 할 필요 없이 제 인스타그램에서 사진을 보세요! 그냥 봐도 귀엽습니다. 이유가 없어요.

내 고양이의 매력은?

갸르릉거리는 모습이 마치 끊임없이 제게 말을 거는 것 같아요. 이 귀여운 수다쟁이는 특히 앞발이 매우 짧은데, 미어캣처럼 서 있는 모습이 아주 귀엽습니다. 멍한 표정도요!

5. 세상에서 가장 유명한 고양이 **날라**
Instagram ID / nala_cat
follower / 348만

#7살 #샴 & 태비 믹스

왜 고양이인가?

원래도 고양이를 좋아했어요. 우연히 동물보호소를 찾아갔다가 날라를 보았는데, 서스럼없이 제 얼굴을 핥는 모습에서 '아! 이 고양이구나' 싶었죠. 그 길로 바로 데려왔어요.

내 고양이의 매력은?

친화력과 호기심 많은 성격으로 개구쟁이 같은 표정을 지을 때가 많은데, 그게 너무 귀여워요. 가끔 해맑게 쳐다보는 동그란 두 눈은 더할 나위 없이 사랑스럽죠.

고양이의, 고양이에 의한, 고양이를 위한 공간

고양이 잡화점 니쿠큐

고양이와 고양이를 사랑하는 이들에게는 천국 같은 곳이 있다. 8마리의 고양이와 노느라, 각양각색의 고양이 소품을 둘러보느라, 그리고 서로의 안부를 물어보느라 시간가는 줄 모르는 이곳. 바로 고양이 잡화점 니쿠큐다.

고양이는 나의 일상

홍대 끝자락에 위치한 고양이 잡화점 니쿠큐. 뭔가 의성어 같기도 한 이 귀여운 이름은 일본어로 고양이 발바닥, 집사 용어를 빌리자면 발 젤리를 뜻한다고. 독특한 고양이 관련 소품이 인상적인 계단을 올라 문 앞에 서니 "고양이 카페가 아니라, 잡화점입니다"라는 문구와 함께 벨을 눌러달라는 안내판이 눈에 띈다.

> "원래는 문을 잠그지 않았어요. 그런데 생각보다 이곳이 고양이 잡화점인지 모르고 들어오시는 분들이 많더라고요. 고양이를 좋아하시는 분은 괜찮은데, 싫어하시는 경우는 놀라서 소리 지르시는 분들도 계시고, 또 문을 갑자기 열게 되면 여기 있는 아이들(이곳에는 8마리의 고양이가 생활 중이다)이 나갈 위험도 있어서 점점 폐쇄적으로 변했죠. 사랑하는 아이들이 누군가에게 공포의 대상이 되는 것이 마냥 좋지만은 않더라고요."

그 무엇보다 고양이가 우선시되는 이곳 니쿠큐의 주인장 이은정 대표에게 고양이는 삶의 대부분이다. 니쿠큐의 고양이 8마리와 집에서 키우는 3마리까지 총 11마리의 고양이를 키우고 있고, 이틀에 한 번씩 길고양이들도 돌본다. 왜 고양이일까? 고양이의 어떤 매력이 이토록 이은정 대표의 마음을 사로잡았을까?

> "고양이를 얼마나 좋아하는지를 어떻게 말로 표현할 수 있을까요. 아침에 일어나서 잘 때까지 저한테는 고양이밖에 없어요. 고양이로 돈까지 벌잖아요.(웃음) 물론 언제나 좋을 수만은 없죠. 가끔은 짜증날 때도 있어요. 하지만 우리 일상이 언제나 좋을 수만은 없잖아요. 제게 고양이는 일상이에요. 털이 많이 빠지는 것만 빼면 고양이는 그 자체로 완벽한 생명체 같아요. 비염에 천식까지 있고, 몇 년 전에는 고양이 때문에 호흡곤란이 와서 응급실에 실려 간 적도 있어요. 그래도 고양이가 좋아요."

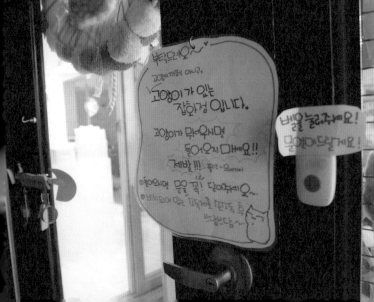

수많은, 그러나 특별한

니쿠큐는 2015년 10월에 문을 열었다. 곧 다가오는 10월이면 2주년이 된다. 일본에 잠깐 살기도 했고, 여행도 자주 다니던 이은정 대표가 일본의 수많은 고양이 소품 숍을 둘러보다가 영감을 얻어 오픈했다. 소품 숍에 들를 때마다 눈에 들어오는 소품들을 하나둘씩 사 모았는데, 그러다 보니 같은 취향의 사람이 또 있지 않을까 싶어 문을 열게 되었다고.

> "전에는 동물병원에서 일했어요. 워낙 동물을 좋아했으니까요. 그런데 아픈 아이들, 유기된 아이들, 구조되어 오는 아이들, 혹은 병원이 공포의 대상이 될 수밖에 없는 아이들을 보면서 반려동물과 반려인 모두 행복할 수 있는 공간을 꿈꾸게 되었습니다. 그래서 반려동물 아로마테라피를 공부하고, 일본 여행을 하며 보았던 고양이 소품 숍에서 아이디어를 얻어 지금의 니쿠큐를 오픈하게 되었지요."

말 그대로 잡화점이다. 각양각색의 고양이 관련 소품들이 이 자그마한 공간에 빼곡하게 들어차있다. 스티커, 노트, 포스트잇, 마스킹 테이프 같은 문구류에서부터 젓가락, 컵, 그릇 등의 식기류, 담요, 우산, 에코백, 신발, 인형, 마네키네코, 고양이 그림과 엽서, 액자에 이르기까지 그 종류가 매우 다양하다. 그러나 각각의 수량은 많지 않다. 인기 소품은 금세 동이 난다.

> "희소성, 그게 제 전략이에요. 소량만 판매하고 대신 물건을 자주 바꾸죠. 한 달에 1~2번 정도로 소품들을 교체해요. 가장 최신의 제품을 구비해놓으려고 노력합니다. 수입품의 경우 거의 현지와 동일한 속도로 가져와 비치해놓죠. 물건은 주로 일본 소품 숍에서 가져와요. 유명한 것도 있지만 핸드메이드 가게나 조그만 상점에서 발견한 것도 많습니다. 목각 제품의 경우는 인도네시아에서 가져오기도 해요. 국내 작가님들의 작품도 구비되어 있습니다. 주로 식기류나 엽서, 그림 등이 많은데, 마음에 드는 걸 선택하는 경우도 있고, 먼저 연락을 주시는 경우도 있어요."

고양이를 위한 아로마테라피

잡화점 옆으로 공간이 하나 나 있다. 뭐하는 곳이냐 물으니 아로마테라피 공방이라는 대답이 돌아왔다. 이은정 대표는 펫 아로마테라피스트이기도 하다. 니쿠큐의 한쪽 벽면을 채우고 있는 것은 이은정 대표가 손수 제작한, 고양이만을 위한 아로마테라피 제품들이다. 캔들과 룸 스프레이를 비롯해 롤 향수, 탈취제, 해충기피제 등이 있다.

> "고양이를 키우면서 환경의 중요성을 많이 느꼈어요. 특히 아픈 아이들이 많다 보니 건강에 신경 쓰지 않을 수 없었죠. 자연스레 친환경, 천연 아로마 제품에 많은 관심을 갖게 되었어요. 고양이는 꽤 예민한 동물입니다. 작은 스트레스에도 민감하게 반응하고, 이러한 스트레스가 병으로 발전하는 경우도 있죠. 아로마테라피가 심리적 안정에 도움이 되지 않을까 싶어 공부를 했어요."

요즘에는 새로운 아로마테라피 제품을 출시하기 위한 준비에 한창이다. 패키지, 로고, 라벨, 그리고 가장 중요한 향에 이르기까지 모든 것이 교체된다. 새로운 제품은 곧 열리는 마켓에서 공개할 예정이다.

이곳은 내게 맡겨! 고양이 매니저

니쿠큐의 한쪽은 잡화점, 한쪽은 아로마테라피 공방인데, 고양이 잡화점이라는 말이 무색할 만큼 공방의 크기가 훨씬 넓다. 그 이유인즉슨 이 안에서 8마리의 고양이가 지내고 있기 때문이다. 이은정 대표는 이곳을 오픈하면서 일부러 고양이만을 위한 공간을 꾸며주었다. 원래는 공개된 공간이었으나, 고양이들이 스트레스를 받는 듯해 현재는 출입이 제한되어 있다. 8마리 고양이 중 올해 15살로 가장 오랜 시간을 함께한 첫째 고양이 양락이는 잡화점의 매니저 역할을 톡톡히 하고 있다.

> "양락이가 제 첫 고양이에요. 덕분에 애묘인의 길로 들어섰죠. 친화력이 아주 우수한 무릎냥이에요. 바구니를 잘 팔아서 매니저로 임명했어요. 손님에게만 애교를 보여주는 비즈니스맨이에요."

나머지 7마리 고양이들 역시 잡화점 고양이다운 친화력을 보인다. 모카, 레오, 뿌꾸, 야미, 요미, 보린이, 그리고 한 마리쯤 더 케어할 수 있지 않을까 하는 마음에 구조되자마자 데려온 막내 희요까지, 모두 사람들을 좋아해 종종 붐비는 시간에 잡화점 쪽으로 나들이를 가곤 한다. 혹여 사람들과 부대끼며 스트레스라도 받지 않을까 걱정도 되었지만 이는 기우였을 뿐 오히려 건강상태가 더 좋아졌다며 이은정 대표는 웃는다.

> "오시는 분들이 다 예뻐하니까, 사람이라는 존재가 다 나를 좋아한다고 생각하나 봐요. 관심 받는 것을 꽤나 좋아해요.(웃음) 아픈 아이들이 많은데, 사랑을 받아서 그런지 오히려 이곳에 오면서 성격과 건강이 눈에 띄게 좋아졌어요."

마음이 없으면 할 수 없는 일

니쿠큐의 정기휴일은 수요일이다. 도자기 공방에 가야 하기 때문이다. 아직 시작한 지 얼마 되지 않아 만든 제품을 팔지는 못하지만, 조만간 작품을 선보이는 것이 목표이다. 월요일과 화요일에도 쉬는 경우가 종종 있는데, 길고양이를 돌보다보니 시간이 조금 들쑥날쑥한 것은 어쩔 수 없다.

> "예전 살던 곳에서 길고양이들에게 밥을 줬는데, 재개발이 되면서 그곳을 떠나야 했어요. 처음에는 걱정이 되어서 밥그릇을 재개발 지역 밖으로 옮겨주러 갔는데, 애들이 오다가 며칠 동안 안보이고, 그러다가 그만할까 싶으면 또 나타나고. 그렇게 지켜보다가 계속 돌보게 되었어요. 벌써 6년이 되었네요."

이 많은 고양이들을 돌보다보니 어려움이 많다. 가장 큰 문제는 아무래도 경제적인 어려움이다. 팔아서 남으면 남는 것인데, 요즘에는 그마저도 어려운 상태이다. 월세가 높기도 하고, 수익이 나도 다시 새로운 물품으로 공간을 채워야 한다. 게다가 구조 활동을 하다 보니 더 어렵다. 한 마리 구조할 때마다 기본 100만원은 소요되기 때문이다.

> "수익을 기대하고 한 일은 아니에요. 물론 처음에는 약간 기대를 했는데, 이게 기대하면 안 되는 일이더라고요. 제가 좋아서 하는 일이에요. 제가 갖고 싶으니까 소품을 들여오는 거예요. 좋아하는 마음이 있으니 꾸준히 하게 되더라고요. 그래도 다행인 것은 아직까지는 그리 많은 손해를 본 것 같지는 않아요."

고양이와 고양이를 사랑하는 이들을 위한 공간

니쿠큐를 찾는 이들은 주로 고양이를 기르는 애묘인이거나, 혹은 고양이를 좋아하지만 사정상 키울 수 없는 사람들이다. 연령대는 다양하다. 젊은 친구도 있고, 나이 지긋한 어르신들도 있다. 엄마와 딸이 같이 오기도 하고, 부부가 함께 들르기도 한다. 이곳에 와서 물건만 보고 가는 사람은 별로 없다. 적어도 30분 이상 자신이 키우는 고양이에 대해 수다를 떨다 간다.

> "애묘인의 사랑방 같은 공간이에요. 키우고 있는 고양이 사진을 서로 보여주며 이야기하고, 공감하고, 여러 정보도 주고받습니다. 고양이를 키우지 않는 사람은 이곳의 고양이를 보며 즐거워하죠. 우리 아이들에게도 좋은 일이에요. 사람들을 워낙 따르니까 예쁨 받으면서 힐링하고, 일종의 상생관계라고나 할까요."

이은정 대표는 이곳이 한 번 들어오면 나가기 싫을 만큼 고양이에게, 그리고 고양이를 사랑하는 사람에게 천국 같은 곳이 되길 원한다. 온전히 고양이에 의한, 그리고 고양이를 위한 곳 니쿠큐. 이 작은 공간이 고양이와 고양이를 사랑하는 이들 모두에게 행복한 기억으로 남기를 바래본다. 🐾

에디터 · 김주현

INFO

고양이 잡화점 니쿠큐

Address	서울 마포구 동교로 25길 53
Open	1pm~8pm, 수요일은 휴무 (월요일과 화요일은 비정규 휴무, 전화 후 방문 필수)
Tel	070-5043-0502
Blog	blog.naver.com/cmzktk9
Instagram	nikuq0071

1. 도도함

고양이는 놀랍도록 예민한 청력을 가지고 있지만,
당신이 부를 때는 귀머거리가 된다.

- 작자미상

개가 당신의 무릎 위로 올라온다면,
그건 당신을 좋아하기 때문이다.
그러나 고양이가 그런다면,
그건 단지 당신의 무릎이
다른 곳보다 따뜻하기 때문이다.

- 엘프리드 노스 화이트헤드

2. 엉뚱함

고양이가 신기한 짓을 해도
나는 전혀 놀라지 않아.
오히려 평범한 행동을 하는 게 놀랍지.

- 지노 파울리

3. 청결함

고양이들은
완벽한 자아도취에 빠져 있다.
그들이 몸단장하는 데
얼마나 많은 시간을 보내는지를
보면 알 수 있다.

- 제임스 고먼

활짝- 활짝-

4. 점프력과 놀라운 균형감각

내려와, 위험해!

경쾌하고 안정적인 멋진 점프로
고양이는 바닥에서 벽으로 지나간다.
그리고는 다시 한 번 생각해보고
펄쩍 날아 벽에서 바닥으로 돌아온다.

- 세르조 엔드리고

5. 고양이의 보은

왜 그러냥?

선물이다냥~

고양이의 시 – 망가진 장난감에게 바치는 엘레지
프란체스코 마르치울리아노 저, 김미진 역 | 1만 2천원 | 에쎄
고양이의 시선, 고양이의 언어로 써내려간 70여 편의 시와 그 순간의 풍경

왜 비명을 질러?
내가 뭐 잘못했어?
왜 우는 거야?
내가 어떻게 해줄까?
다른 색깔로 바꿔올까?
다른 크기로 바꿔다줘?
다른 방에 갖다놨어야 해?
난 그냥 내 사랑을 보여주고 싶었어.
단지 고마움을 표현하고 싶었다고.
그래서 죽은 생쥐를 침대에 물어다놨을 뿐인데
이렇게 비명을 지르다니
어떡하란 말이야.

- 프란체스코 마르치울리아노, [고양이의 시] 중에서

6. 독립성

고양이는 절대 소유할 수 없는 동물이다.
고양이의 삶에 동참하게 되었다면,
그것은 두말할 것도 없이 특권을 갖게 되는 것이다.

- 베릴 리드

묘한 **공감**

'고양이 천국'을 위해

고양이와의 공존이 일상이 되고,

고양이와 내가 신뢰의 따스한 눈빛을 주고받는,

우리 곁의 더 많은 고양이 천국을 꿈꾸다

짝사랑, 그 열병의 시작

고양이를 좋아했지만 함께 살 수 없던 때가 있었다. 2006년 여름, 유기묘였던 스밀라가 임보 중에 우리 집에 눌러앉기 전까지만 해도 어머니가 고양이를 무서워했기 때문이다. 고양이 키우기를 포기했던 시절에는 길고양이에게 마음을 주며 다녔다. 고양이를 키울 수는 없지만 사진이라도 갖고 싶었다.

길고양이를 찍는 마음은 짝사랑과 비슷하다. 멀리서 티 나지 않게 지켜봐야 하고, 그러면서도 뭐든 한 가지라도 잘해주고 싶어 애쓰는 마음. 내가 준 사랑을 돌려받을 수 있다는 보장도 없이 사랑하고, 혹시 어느 날 상대가 아무 말 없이 사라진다 해도 아쉬워하지 않아야 한다. 무엇보다 상대방을 길들이지 말아야 한다. 그렇게 길고양이를 먼발치에서만 바라보며 아쉬움을 달랬다.

집에 고양이를 데려올 수 없는 헛헛함은 고양이 책을 수집하는 걸로 달랬다. 그때만 해도 요즘처럼 고양이 책이 다양하지 않던 때라, 잡지에 고양이 기사라도 나면 얼른 스크랩했고 새로운 책이 출간될 때마다 보물을 발견한 마음으로 사들였다.

어느 날 마주한 길고양이 천국

그러다 1998년 9월쯤 다큐멘터리 사진 잡지 [GEO]에 실린 특집 기사를 보았다. '그리스의 고양이: 구속받지 않는 사랑'이란 제목이었는데, 미코노스 섬 고양이 이야기였다. 주민들에게 생선을 넙죽 얻어먹고 동료와 함께 거리를 활보하는 길고양이들은 여유롭고 행복해보였다. 불안한 눈빛으로 사람들을 흘깃 훔쳐보다 달아나는 한국 길고양이에 익숙해진 눈에는 놀랍기까지 했다.

이 취재기를 쓴 사진가 한스 실베스터의 고양이들이 너무나 매력적이어서, 제대로 된 책으로 소장하고 싶었다. 알아보니 내가 찾던 대형 사진집 버전은 절판된 지오래였다. 중고책이라도 구하고 싶어 인터넷 사이트를 뒤지다 어느 사이트에서 다음과 같은 서평을 접했다. "미코노스 섬 고양이가 사진 속에서처럼 마냥 행복한 것만은 아니며, 관광객이 끊기는 겨울철에는 혹독한 추위와 굶주림에 죽는 일도 부지기수"라는 것이었다. "책으로 만들기 좋은 예쁜 풍경만 선별해 보여준 게 아닌가"라는 게 비판의 요지였다. 글을 읽으며, 사진으로만 접한 길고양이 천국의 이면에는 사람들이 모르는 그늘도 있겠구나 생각했다.

고양이 천국을 찾아

2002년 우연히 만난 어린 삼색 길고양이를 찍기 시작하면서 길고양이를 카메라 렌즈에 담기 시작했고, 그간 수많은 고양이를 만났다. 2007년 해외 취재를 시작하면서부터는 이른바 '고양이 천국'이라 불리는 명소를 찾아가기 시작했다.

첫 해외 취재 장소가 일본 도쿄의 야나카였는데, 고양이 테마 공방이나 (상업적인 캣 카페가 아닌) 고양이가 반려인과 함께 생활하는 카페 등 애묘인이 좋아할 공간이 많았다. 인근 미술대학에서 기증한 고양이 목조각이 재래시장을 살릴 캐릭터로 들어서기도 했다. 거리에서는 고양이 꼬리 모양의 도넛을 팔고, 고양이 그림이 그려진 기념인장을 새길 수 있는 가게도 있다. 그래서 도쿄를 들를 때면 꼭 야나카를 찾아간다.

도쿄 같은 대도시보다 접근성은 많이 떨어지지만 일본 전역에 흩어진 고양이 섬을 하나씩 찾아가는 여행도 재미있다. 후쿠오카와 인접한 아이노시마는 한국 애묘인도 즐겨 찾는 고양이 섬으로 유명하다. 또 다른 고양이 섬 아오시마에 들렀을 때는 수십 마리의 길고양이가 단체로 항구에 마중을 나온 바람에 놀라기도 했다. 고양이 군단처럼 줄지어 뚜벅뚜벅 걸어 들어오는 녀석들의 위용이라니! 그날은 비가 와서 그 정도인 거고, 평소에는 200마리에 달하는 고양이가 항구 근처에서 기다리고 있다고 한다.

타이완의 고양이 마을 허우통도 고양이 테마 여행지로 유명하다. 이곳은 원래 쇠락한 폐광촌이었지만, 길고양이 블로거 첸 페이링이 열심히 찍어 올린 길고양이 사진 덕분에 고양이 마을로 입소문을 탔다. 고양이 마을의 변천사가 궁금해져 2012년부터 매년 한 차례씩 허우통의 변천사를 기록하는 여행을 하고 있는데, 처음 방문했을 땐 좁고 허름했던 육교가 커다란 고양이 모양을 한 귀여운 다리로 변신하고, 비포장 도로였던 비탈길이 오르내리기 좋은 계단으로 바뀌는 모습을 보면서 '고양이의 보은'을 실감했다. 이렇게 세월이 흘러도 변하지 않는 고양이 아지트를 세계 곳곳에 숨겨두고 때때로 찾아가는 건 고양이 여행자만 아는 즐거움이다.

마냥 행복하지만은 않은

앞서 언급한 그리스의 미코노스 섬이 그랬듯, 흔히 말하는 고양이 천국에는 그늘도 있다. '고양이가 행복한 동네라면 나 하나쯤 고양이를 버리고 가도 잘 살겠지' 하는 마음으로 유기하는 사례가 심심찮게 발생하기 때문이다.

도쿄 고양이들의 은신처로 유명한 공원묘지 야나카 레이엔에는 "고양이 사진을 찍지 말라"는 호소문이 붙어 있다. 행복하게 낮잠을 자는 고양이들의 사진을 보고 사람들이 자꾸 고양이를 버리러 와서 불행한 유기묘가 늘고 있기 때문이란다. 심지어 일본의 유명한 고양이 역장 타마가 생전에 근무했던 키시 역 앞에도 고양이 유기를 하지 말라는 전단지가 있었다.

키우는 손이 있으면 어딘가에 반드시 버리는 손이 있다. 고양이 마을에서도 이 원칙은 예외가 없다. 애묘인이 많은 나라에서도 고양이를 싫어하는 사람, 무책임한 사람은 존재한다. 다만 그 수의 많고 적음에 차이가 있을 뿐이다.

고양이가 함께 살아가는 곳

지난 15년간 길고양이 사진을 찍으며 돌이켜보니, 국내외를 막론하고 길고양이가 행복한 동네에는 몇 가지 공통점이 있었다. 일단 사람을 봐도 고양이가 달아나지 않는다. 주민들이 골목 어귀에 밥을 놓아두면, 어디선가 길고양이가 나타나 맛있게 먹고 표표히 사라진다. 가만히 서 있으면 먼저 다가와서 다리에 얼굴을 연신 부비부비하며 반갑게 맞아주기도 한다. 고양이가 배를 드러내고 눕는 건 안전한 곳에서만 하는 행동인데, 낯선 여행자 앞에서 발라당 누워 애교를 부리는 녀석도 있다.

고양이가 사람을 반기는 마음은 빳빳하게 세운 꼬리에서 드러난다. 꼬리로 여러 가지 감정을 표현하는데, 바짝 치켜든 꼬리는 기분이 무척 좋다는 뜻이다. 운이 좋다면, 고양이가 행복한 마을에서 이렇게 꼬리를 깃대처럼 치켜든 고양이의 환대를 받을 수도 있다.

고양이 마을 주민들의 반응은 어떨까? 귀여운 듯 인사를 건네거나 쓰다듬는 사람도 있지만, 고양이를 만나도 데면데면 지나치는 사람이 대부분이다. 고양이와 함께 살아가는 풍경이 자연스러운 일상이니 그들에겐 신기할 것도 새로울 것도 없다. 공존이 특별한 게 아니라 일상이 될 때, 그곳은 진정한 고양이 천국이 된다.

우리 곁의 더 많은 '고양이 천국'을 위해

세계의 고양이 소식을 전하다보면 "우리나라에는 고양이를 싫어하는 사람이 많은데 다른 나라는 그렇지 않은 것 같아요"하고 부러워하는 분이 많다. 하지만 붙임성 많은 고양이가 있는 동네를 가만히 살펴보면, 어딘가에는 길고양이 밥그릇이 있고, 거기로 찾아오는 고양이들을 향해 다정한 눈빛을 건네는 사람들이 있다. 사람과 고양이가 함께 교감하며 나누는 신뢰 속에서 고양이 천국은 싹튼다. 지금 내 곁에 고양이 천국이 없더라도, 내가 그 시발점을 만들어나갈 수 있다는 말이다. 아직은 먼 미래처럼 느껴질지 모르지만, 지금도 그런 미래를 스스로 만들기 위해 노력하는 사람들이 곳곳에 존재한다. 고양이 책 작가이기 이전에 기자로서, 그런 분들의 사례를 찾아 소개하고 널리 알리는 게 꿈이다.

그 꿈을 위해 올해부터 고양이 전문 출판사 '야옹서가'도 시작했다. 10월에 출간할 첫 책은 제주 고양이 히끄의 묘생역전 에세이 [히끄네 집]이다. 이후에도 입양의 사각지대에 있는 성묘 입양기, 아픈 길고양이들의 투병기, 아이와 고양이를 함께 키우는 숨은 고수들의 글과 사진을 발굴해 더 많은 고양이들의 야옹야옹한 이야기를 전할 생각이다. 우리 곁에 더 많은 고양이 천국이 생겨날 미래를 꿈꾸며. 🐾

글·사진 **고경원**

2002년부터 길고양이의 삶을 이야기하는 작가이자 기자
현재는 고양이 전문 출판사 '야옹서가'의 대표이다.

사람이 고양이를 아끼자,
고양이가 사람을 살렸다

대만 고양이 마을 허우통

한 탄광 마을이 있다. 한때는 검은 금이라고 불리었던 석탄으로 인해 수많은 발걸음과 목소리가 모이던 그곳은, 석탄이 우리의 일상에서 멀어져 감에 따라 점차 조용하고, 쓸쓸한 마을이 되어갔다. 그리고 마을에 남은 주민은 사람이 떠난 그 틈 사이로 들어온 고양이에게 쉴 만한 공간을 내어주며 같이 살아가기 시작했다. 얼마의 시간이 지났을까, 그 마을은 탄광 마을이 아닌 '고양이 마을'이라는 이름으로 유명해지며, 다른 나라 여행객의 발걸음까지 이끌고 있다. 바로 대만의 고양이 마을 '허우퉁'이다.

기차에서 내리자마자 마주한 고양이 마을

허우통은 타이베이 중심가에 속하지는 않지만, 타이베이 중앙역에서 로컬노선으로 바로 갈 수 있고, 대만 여행에 필수라고도 불리는 이지카드로 탑승할 수 있어 교통은 편리한 편에 속한다. 대만 열차(TRA)를 타고 한 시간을 지나면 만나게 되는 허우통 역은 처음 온 여행자도 이곳이 고양이 마을임을 한눈에 알 수 있다. 승강장 벤치에서부터 고양이 조각이 반겨주고, 역사 곳곳의 지도와 표지판에도 역시 고양이가 계속 등장한다.

역사와 마을을 이어주는 조그마한 통로를 지나면, 아름드리나무와 함께 고양이 마을이 나타난다. 고양이의 하품 같은 따뜻한 햇살 사이로, 솔솔바람이 나뭇잎을 지나 내려앉은 곳엔 고양이 몇 마리가 나무 그늘에 누워 낮잠을 자고 있다. 그리고 그 풍경은 고양이 마을 허우통의 이정표와 같다.

고양이가 한가로이 노니는 곳

허우통은 여유로운 우리네 시골 마을과 큰 차이가 없다. 다만, 동물과 사람이 어울려서 살아가는 고양이가 다른 곳보다 조금 더 많은 마을일뿐이다. 마을을 천천히 돌아다니다 보면, 수많은 고양이를 만나게 된다. 물을 마시고 있는 고양이, 그늘 아래 낮잠을 자는 고양이, 낯선 이가 궁금한 듯 따라와서 두세 바퀴 돌다가 다른 곳에 흥미가 생겨 사라지는 고양이, 길 한가운데 서서 지나가지 못하게 막고 있는 고양이.

우리가 살고 있는 곳과 별반 다르지 않아 보이는 이 고양이 마을 허우통이 우리가 사는 곳과 가장 다른 점은 고양이를 사람과 함께 사는 존재로 받아들인다는 점이다. 사람과 고양이가 어울리는 모습에 흐뭇하면서도 약간은 씁쓸했던 이유이다.

서울에서 고양이를 만나면 눈을 동그랗게 뜨고 경계를 한다. 그리고 몸의 중심을 뒤로 옮기며 언제든지 바로 도망갈 수 있는 자세를 취한다. 나는 20년이 넘도록 고양이는 원래 예민하고 사람을 멀리하며 겁이 많은 동물이라고 생각했었다.

하지만 일본, 대만, 프랑스 등 여러 나라를 여행하며 깨달은 것은 사실 고양이는 '원래' 그런 동물이 아니라는 것이다. 때로는 사람에게 다가와 '나를 한번 쓰다듬어 볼래?'라는 동작을 취하기도 하고, 너무 예뻐서 다가가면 '나도 내가 예쁜 걸 알아'라고 말하듯 도도하게 쳐다보는 친구이다. 사람을 보면 도망가기 바쁜 우리네 고양이는 후천적 경험으로 '학습'된 행동에 가깝지 않을까.

평화로운 공존, 그리고 일상의 쉼표

사람과 고양이가, 서로가 서로의 친구로서 함께 살아가는 평화로운 모습. 특별히 경치가 아름다운 것도, 맛있는 먹거리가 있는 것도, 오래된 사찰이 있는 것도 아닌 마을 허우통이 가진 매력은 여기에서 오는 것 같다. 아이는 고양이가 너무 예쁘지만, 고양이를 만지거나 고양이의 휴식을 방해하지 않는다. 고양이는 자기를 바라보는 아이의 곁으로 살짝 다가가 그 앞에 조용히 앉는다.

말도 통하지 않는 사람과 고양이가 서로를 배려하고 존중하며 살아가고 있는 허우통의 사소한 평화로움은 사람도 서로를 쉽게 이해하지 못하고 피부색, 성별, 종교, 이념 등의 이유로 다툼을 끊이지 않는 세상을 살아가고 있는 우리에게 잊지 못할 쉼표로 다가온다. 🐾

글·사진 **김성철**
‥‥‥‥‥‥‥‥
여행을 좋아하는 기획자이자 마케터.
블로그와 포스트에 여행정보를 올리고 있다.

길고양이는 도심 속 생태계 일원이다

성남시 길고양이 밥집

성남시 길고양이 밥집은 길고양이를 위해
그리고 시민들의 쾌적한 거주환경을 위해
공원 곳곳에 설치되었다.

도심 속 길고양이와의 공존을 꿈꾸며
시작된 길고양이 밥집 프로젝트는
오늘도 자원봉사자들의 손길로 이끌어진다.

안녕하세요. 자기소개 부탁드립니다.

성남시청 지역경제과 동물자원팀에서 주무관으로 근무하는 정진아입니다. 명칭은 각각 다르겠지만, 지자체마다 동물보호 업무를 담당하는 부서가 있습니다. 성남시의 경우 저희 동물 자원팀에서 해당 업무를 맡고 있고, 축산물 관련 인허가 업무부터 동물 관련 민원 처리, 유기동물이나 길고양이 보호까지 동물과 관련한 사업을 계획하고 추진합니다. 작년부터 반려동물 페스티벌을 개최했는데, 올해는 10월에 개최할 예정입니다. 또 하나의 성과를 이야기하자면, 올해부터는 공원 지역에 길고양이 밥집을 설치해 운영하고 있습니다.

2015년, 길고양이 관련 협조문이 이슈가 되었습니다.

성남시에는 길고양이 보호를 위해 활동하는 캣맘, 캣대디 분들이 많습니다. 성남시의 길고양이 보호 사업에 적극적으로 협조하고 계시죠. 우리나라는 아직까지도 길고양이를 부정적으로 생각하는 사람이 많아 길고양이를 케어하는 분들이 고충을 겪는 경우가 많습니다. 시 차원에서 길고양이에 대한 올바른 정보를 제공하고, 함께 살아갈 사회 일원임을 알리는 협조문을 만들어 배포한다면 밥을 주시는 분들께서 이웃을 설득하는 데 도움이 될 것 같다는 의견을 주셨고, 시에서도 이에 공감해 협조문을 제작하게 되었습니다.

길고양이 관련 협조문

길고양이는 한 장소에 정착하여 살아가는 영역 동물이며 도심속 생태계의 일원입니다. 때로는 영역을 넓히려고 주변의 숫고양이가 유입되거나 암고양이들이 새끼를 낳아 숫자가 늘어나지만, 일정수의 기존개체를 관리함으로서 이를 방지할 수 있습니다.

 길고양이는 페스트, 유행성 출혈열, 쯔쯔가무시 등의 무서운 전염병을 퍼트리는, 쥐와 뱀, 곤충에 살아가는 쥐들의 가장 강력한 천적입니다. 또한 고양이의 분변 냄새 만으로도 하수구속의 쥐가 지상으로 올라오는 것을 방해할 수 있으며 고양이 한 마리가 잡는 쥐의 숫자는 일일 4마리 라는 통계도 있습니다.

 현재 성남시는 경기도가 2007년부터 시행중인 길고양이 개체수 줄이기 방안인 T.N.R.(Trap:포획, Neuter:불임수술, Return:방사)를 사용하여 관리하고 있습니다. T.N.R.은 불임수술 한 고양이를 영역에 방사함으로써 다른 지역으로부터의 새로운 고양이의 유입을 막고 점차로 개체 시키는 과학적으로 검증된 길고양이 문제 해결을 위한 인도적 프로그램입니다.

 길고양이를 혐오하는 주민이 많아 단지 내 길고양이 개체를 임의적으로 제한한 아파트에서는 1층 가구 세대의 베란다, 거실안의 쥐가 출몰하거나 각종 전염병 균에 멸망을 피해가 있기도 합니다. 이로 인해 주민들 갈등의 피해를 입으실 수 있습니다. 만약 위와 같이 독극물 등을 인위적으로 야생동물의 안전 장면(길고양이포함)을 7항 강화된 동물보호법 위반으로 처벌을 받게 되며, 허가받지 않은 독극물 살포 행위와 환경생성의 독극물 처리 수거 기타 법을 따르지 않은 경우에도 법적 처분을 받으실 수 있음을 양지하여 주십시오.

고양이는 사람에게 해를 끼치는 동물이 절대 아니며 위협을 가하지 않은 한 절대로 공격을 도발하지 않습니다.
길고양이는 사람과 공존하며 잘 생태계의 일원으로 강화한 동물보호법에 의해 보호되고 있습니다.

 길고양이 평균 수명은 4~5년으로 추정 됩니다.
사람에게 버려졌거나 사람 곁을 떠날어 발달처럼 생활되는 그들에게도 도심생태계 내에서 사람과 함께 동식물 먹을 수 있는 역할이 주어져 있음을 이해해주시고, 한편 이곳 생태계의 균형도 되돌리는데 오랜 시간이 필요하게 될 점도 기억해주시기 바랍니다.

 아름다운 성남시를 가꾸려는 성남시의 여러분들의 생명의 소중함도 아는 성숙한 분들이 시민 바라보다며 T.N.R. 성공적으로 정착할 수 있도록 시민여러분의 협조를 간곡히 요청하는 바입니다.

 성남시    한국고양이보호협회 [www.cncare.or.kr]

협조문 중 "길고양이는 한 장소에 정착하고 살아가는 영역 동물이며 도심 속 생태계의 일원이다"라는 말이 참 좋았습니다. 감성적인 접근이 시민들의 마음을 울렸던 것 같아요.

도시에 사는 길고양이들은 먹이를 찾아 쓰레기더미를 뒤지기도 하고, 건물 지하에 숨어들어 새끼를 낳거나, 추위를 피해 자동차 엔진룸에 들어가기도 합니다. 길고양이 입장에서는 자신이 처한 상황에서 살아남고자 최선을 다하고 있는 거죠. 이에 불편을 느끼는 사람들은 주위에서 길고양이 존재 자체가 사라지기를 바라는 경우도 있습니다. 하지만 우리가 사람으로 태어나기를 선택한 것이 아니듯 길고양이 역시 마찬가지일 텐데 단지 길고양이라는 이유로 너무나 혹독한 삶을 살아갑니다.

상담을 하다보면 "동물보다 사람이 우선이다"라는 이야기를 많이 듣습니다. 하지만 생명을 가진 존재에 우위는 없다고 생각합니다. 인간 중심으로 개발된 이 세상에서 오히려 동물은 약자로서 배려되어야 할 존재가 아닐까요. 길고양이 또한 우리와 함께 살아가야 할 생명으로 생각해주셨으면 좋겠고, 저희도 다양한 정책 개발을 통해 불편을 최소화할 수 있도록 노력하겠습니다.

길고양이 밥집을 시작한 계기가 궁금합니다.

2016년도 시민제안사업에서 길고양이 급식소가 우수사업으로 선정되면서 2017년 4월부터 8개 공원에 총 20개의 길고양이 밥집을 설치해 운영하고 있습니다. 늘 눈치보고 마음 졸이며 살아가는 길고양이들이 밥을 먹으러 왔을 때만이라도 편히 쉬었다가 가기를 바라는 마음으로 급식소 대신 밥집이라는 친근한 이름을 붙였습니다. 성남시의 길고양이 밥집은 마더캣에서 제작한 급식소 '낮은 둥지'의 디자인을 후원받아 제작했습니다. '낮은 둥지'는 길고양이 급식소에 대한 반감을 줄이기 위해 주위 환경과 조화를 이룰 수 있게 화분형으로 디자인 되었어요. 저희의 사업 취지를 전해들은 마더캣에서 흔쾌히 디자인을 후원해주셨습니다. 준비 과정에서도 적극 협조해주신 덕분에 지금과 같은 형태의 밥집을 만들 수 있었어요.

길고양이 밥집을 설치하는 기준이 있나요?
특별히 고려한 부분이 있다면요?

시행 초기 단계이기 때문에 충분한 공감대가 형성되지 않아 주거지역에 설치할 경우 반대 민원이 심할 것으로 예상되어 시에서 관리가 가능한 공원 지역을 선정했습니다. 우선적으로 고려한 것은 이미 캣맘이 밥을 주고 관리하는 지역이 아니라, 아무도 밥을 주는 사람이 없거나 길고양이 관리가 어려운 곳 위주로 선정하고자 했어요. 길고양이의 삶이 대부분 열악하지만 그중에서도 캣맘의 손길이 닿지 않는 지역의 길고양이들은 먹이 활동조차 불가능한 상황이지요. 이 척박한 환경에 사는 길고양이들에게 하루 한 끼라도 제대로 먹이고 싶다는 게 가장 큰 바람이었습니다. 또 재개발이 이루어지는 곳은 길고양이들에게 위험하기 때문에 그 바깥 지역으로 활동영역을 이동시켜야 합니다. 이를 위해 급식소를 설치했습니다. 길고양이 혐오 민원이 극심해 학대 위험이 있는 곳에 설치한 급식소도 있어요. 급식소 수량이 20개로 한정되어 있다 보니 현장에서 활동하는 캣맘들의 의견을 참고해 길고양이 보호에 최대한의 효과를 낼 수 있는 지역을 기준으로 삼았습니다.

사료 관리는 어떻게 하나요?

사료는 봉사자분들이 자체적으로 구입해 급여하세요. 밥을 먹으러 오는 길고양이 상태에 따라 적절하게 그 양을 조절합니다. 예를 들어, 어린 고양이들이 있는 곳은 좀 더 열량이 높은 사료를 두고, 구내염 등의 질환을 앓는 고양이가 있는 곳에는 처방 사료를 두는 거죠. 가장 신경이 쓰이는 부분은 위생 문제입니다. 사람이 먹는 음식은 일체 급여하지 않고, 사료가 오염되지 않도록 매일 교체합니다. 봉사자분들이 밥집 주변 청소까지 맡아서 도와주고 계세요.

안녕하세요. 저 길고양이 먹이는 학생인데요,

제가 사료가 떨어져서 그동안 밥주러 못 왔어요.

사료 배송 시켰으니까 도착하면 바로 주러 올게요.

→ 죄송합니다   캣맘분께

학생들 잘지냈어요? 이것저것 바빠서 답장이 늦었어요.
우선 사료사지 마세요. 이제 학생이 돈이 어렸어요. 그냥 몸만
갈아줘도 되요. 이동네 냥이들 다 돼지예요. 사료도 충분하고
돌봐주시는 분도 많았어요. 절대 죄송해하지 않으려도 되요~
저위에 쌓아둔 보셨나요? 저도 낮았으면 아셨겠지만...
돼냥이예요. 그냥 그럼 이동만으로 냥이들 넣러e시면 되요~ ibis

**많이 좋아졌다지만, 고양이에 대한 반감은 여전합니다.
밥집을 운영하는 데 어려움은 없나요?**

아직까지는 사람들이 사는 주거지가 아닌, 공원에만 설치하였기 때문에 시를 통해 들어오는 반대 민원은 거의 없었습니다. 하지만 일부 급식소의 경우 밥그릇을 엎어버리거나 훔쳐가는 등의 일이 반복적으로 일어나 사업 홍보와 협조 요청을 위한 현수막 및 배너를 설치했습니다. 그래도 아직까지는 시설물 자체를 훼손한 사례는 없었으니, 다행이라면 다행일까요. 길고양이 밥집은 (주)펫스테이트에서 제작 후원을 해주셨는데, 꼼꼼하고 튼튼하게 만들어주셔서 누군가 의도적으로 파손하지 않는다면 1~2년가량은 보수 작업 없이 유지가 가능할 듯해요. 아직은 시범사업이라 유지보수를 위한 예산은 책정되어 있지 않지만, 정식 사업으로 시행된다면 이를 위한 예산이 편성되어 문제없이 운영될 것으로 생각됩니다.

가장 힘들었던 건 급식소 관리를 맡아주실 봉사자분들을 모집하는 일입니다. 보통 길고양이에 관심을 갖고 계신 분들은 이미 돌보는 길고양이가 많은 상황이에요. 때문에 추가적으로 급식소를 관리하는 일에 부담을 느낄 수밖에 없는 상황이죠. 성남시 길고양이 밥집은 이미 밥을 주고 계신 곳이 아니라, 추가적으로 길고양이에게 혜택을 주어야하는 지역을 중심으로 꾸려지다보니 봉사자 모집이 쉽지 않습니다.

자원봉사자가 되기 위해 필요한 자격이 있나요?

특별히 요구되는 자격은 없습니다. 그저 고양이를 사랑하는 마음이면 충분합니다. 앞에서 말한 것처럼 이미 길고양이에게 밥을 주시는 캣맘이 많습니다. 봉사자들은 이미 돌보고 있는 길고양이에 더해 밥집에 오는 길고양이까지 추가적으로 돌보는 상황이죠. 개인 시간과 노력, 비용을 들여가면서까지 도와주셔서 늘 감사하게 생각하고 있습니다. 현재 성남시에서는 길고양이 보호를 위해 '성남시 캣맘 캣대디 협의회'와 '판교 캣맘모임 야옹아 안녕'이라는 모임이 조직되어 활동 중입니다. 봉사를 원하는 분들은 네이버 카페에 가입해 신청하거나 성남시청 지역경제과 동물자원팀(031-729-2614)으로 연락주시기 바랍니다.

성남시민들의 자발적 참여가 인상적이네요.
특별히 시에서 관련 홍보를 진행하는 게 있나요?

딱히 시에서 지원을 한다거나 홍보를 하는 일은 없습니다. 성남캣페어 페이지 등 시민들이 SNS를 통해 자발적으로 모임을 결성해서 활동하고 계시죠. 초기에는 적극적인 몇몇 분들이 주축이 되어 활동을 했는데, 캣맘들이 점점 늘어나면서 현재는 성남시 길고양이 정책 시행에 핵심적인 역할을 하게 되었습니다. 캣맘들은 현장에서 직접 고양이를 돌보며 느낀 현실적인 문제점과 그 대안을 가장 잘 알고 있는 분들이기 때문에 그분들과 꾸준히 소통하려 합니다.

밥집 운영 외에도 TNR 사업을 진행 중인 걸로 압니다.
생태계의 일원이라고 생각한다면 자연 그대로 두자는 의견이 나올
수도 있을 텐데요.

다른 동물과의 공존을 고려하지 않고 인간의 편의만을 위해 도시화가 이루어진
도심 지역은 다양한 동물들이 각자 고유의 생태적 습성을 유지하며 살아가기 어
려운 환경이 되었습니다. 길고양이 역시 생존을 위한 최소한의 먹이 활동조차 불
가능해 사람들이 먹다 버린 음식물 쓰레기로 연명하는 신세가 되었죠. 열악한 환
경에서 출산을 반복하고 새끼를 양육하는 암컷들은 건강에 무리가 오고, 태어나
는 새끼들 중 절반 이상은 6개월도 못 살고 죽는 상황이에요. TNR은 길고양이를
위한 최고의 방법은 아닐 수 있지만 이미 동물들이 자연 상태 그대로 살아갈 수
없는 현실에서 그나마 우리가 선택할 수 있는 최선이 아닐까 싶습니다.

물론 지자체의 TNR 과정에서 여러 문제점들이 밝혀지며 이를 믿지 못하는 분들
도 많았지만, 현재는 길고양이를 케어하는 봉사자분들이 TNR 과정에 적극적으로
참여해주고 계십니다. 봉사자분들이 매일 돌아가며 성남시 TNR 위탁병원을 방문
해 포획된 길고양이를 돌보고 수술 후 회복 과정도 지켜보는 등 많은 도움을 주고
계세요.

* TNR: 길고양이 중성화 정책으로, 붙잡아(Trap) 불임수술(Neuter)을 시켜 돌려보내는(Return) 것.

실제로 시민들의 인식이 많이 변화된 것을 느끼나요?

길고양이 급식소를 설치하는 지자체가 점점 늘고 있는 것이 인식 변화의 결과라고 생각합니다. 불과 몇 년 전까지만 해도 길고양이에게 밥을 준다는 자체를 이해하지 못하거나 반대하는 분들이 많았는데, 지금은 알게 모르게 길고양이를 챙기는 분들이 많이 계시니까요. 길고양이를 돌봐줘야 한다는 인식이 많이 형성된 것 같습니다. 성남시 길고양이 밥집 설치 후에 고맙다거나 지지한다는 의견이 많았던 것만 봐도 우리 사회가 점차 변화하고 있다는 것을 알 수 있죠.

앞으로의 계획이 궁금합니다.

우선 길고양이 밥집이 아직 정식사업으로 채택된 것이 아니기 때문에, 내년도에는 정식사업으로 시행해 가능하다면 설치 수량도 조금 더 늘리는 것이 목표입니다. 더불어 시민들의 인식 개선을 위해 길고양이 정책을 보다 적극적으로 홍보할 예정입니다. 현재 작성된 협조문이 모두 소진되었기 때문에 내용을 수정·보완해 추가 제작할 계획이에요. 또한 길고양이 정책의 성공 여부는 현장에서 직접 길고양이를 돌보는 봉사자분들에게 달려 있는 만큼 시민 자원봉사자에 대한 교육과 지원 방법을 고민하고 있습니다. 🐾

에디터 · **성스레**

가족이라는 이름으로

단하와 모찌의 육아육묘일기

누군가와 친해진다는 것은 어려운 일이다.
특히 말이 통하지 않는, 사람과
반려동물 간에는 더더욱 그렇다.
그러나 교감은 굳이 말을 필요로 하지 않는다.
오랫동안 진심을 더해 쌓아올린 신뢰,
함께 한다는 소중함을 통해
우리는 한 가족이 되었다.

육묘의 시작: 모찌와의 만남

캐나다에서 학교를 다녔던 나는 봉사활동을 하다가 한 고양이를 만났다. 사람들에게 받은 마음의 상처가 컸던 탓인지 오들오들 떨면서 케이지 한구석에 옹크리고 있었다. 그 아이에게서 타국에서 홀로 생활하던 내 모습이 보였다. 꼬질꼬질 검댕이 묻어있던 터키시 앙고라 고양이. 고민할 필요도 없이 입양을 했다. 집에 데리고 와서 말끔하게 씻기고 나니 찹쌀떡 같이 새하얀 털이 드러났다. 이름을 모찌로 지었다. 이렇게 우리가 가족이 된 지 벌써 6년이 흘렀다.

모찌는 내게 항상 가족이었다. 어디에서 살든 누구와 결혼하든 관계없이 당연히 함께할 존재로 생각했다. 물론 주변의 쓴 소리와 걱정하는 시선들 때문에 나 역시 모찌와 함께하는 미래에 대해 많은 고민을 했었다. 그러나 다행스럽게도 그런 고민이 무색할 만큼 모찌가 지금의 남편을 만날 수 있도록 해줬고 함께 가족이 될 수 있었다.

그때만 해도 평생 그렇게 함께 화목하고 행복할 줄로만 알았다.

육아와 육묘의 사이에서: 임신과 반려동물의 양자택일?

어느 날 새로운 가족이 생겼다는 소식을 듣게 되었다. 단하였다. 온 집안의 축하를 받았다. 하지만 그 틈도 잠시, 걱정이라는 이름의 제재와 강요가 시작되었다. 아기와 고양이 둘 중 누가 더 중요하냐는 질문을 틈만 나면 받았다. 제일 힘들었던 것은 소문으로만 돌던 '고양이가 아기에게 끼치는 유해성'을 사실인 양 이야기하며 설득하는 것이었다. 힘들고 서운했지만 단하와 모찌 둘 다를 지키기 위해서 스스로 공부를 해야 했다. 생명에 대한 책임이라는 이름의 무게가 결코 만만한 것이 아니라는 것을 혹독하게 느끼는 시간이었다.

어른들과의 문제뿐만 아니라 우리는 우리 나름대로 변화에 대해 걱정하기 시작했다. 모찌는 모찌대로 낯선 물건들과 아기 냄새, 그리고 혼자 독차지하던 사랑을 빼앗길 테니 잔뜩 스트레스를 받게 될지도 모른다고 생각했다. 함께 살아가기 위해서는 무작정 감싸고 갈 것이 아니라 현실적인 대책이 필요했다.

단하와 모찌가 공유할 공간과 그렇지 않은 공간을 구분했다. 안방은 아이가 있는 방으로 모찌의 출입 금지령이 내려졌다. 격리라고는 했지만 무조건 문을 닫아서 단절하는 것이 아닌, 방묘창을 만들어 육아를 하는 모습을 구경할 수 있도록 준비하기로 했다. 두 번째로 나름 냄새에 예민한 모찌가 혹여나 단하 냄새를 맡고 까칠하게 반응할까 싶어 아이 제품을 출산 전부터 미리 발라서 향을 익숙하게 했다. 제일 걱정이었던 부분은 모찌가 느끼는 애정도였다. 단하를 돌보면서 모찌를 신경 쓰기 쉽지 않을 것이라 생각했기 때문에 놀아주지 못할 때는 남편에게 잠시라도 놀아줄 것을 부탁했다. 이제 단하가 우리 집에 오는 일만 남았다.

육아육묘의 시작: 서로를 알아간다는 것은

2월 10일, 새 가족인 단하가 태어났다. 그런데 내 걱정이 민망할 정도로 모찌는 단하에게 전혀 관심이 없었다. 이 둘이 서로 관심을 가지게 된 것은 단하가 4개월에 접어들면서였다. 모찌가 옆에 있는 것을 좋아하는 단하와는 다르게, 모찌에게 단하는 그리 좋은 존재만은 아니었다. 모찌는 악력 조절을 못해 때로는 거칠게 대하는 단하의 손길을 괴롭힘으로 느껴 자리를 피했기 때문에 둘이 친해지는 기간은 꽤나 오래 걸렸다.

그러던 둘의 사이가 발전하게 된 계기는 모찌가 아기 물건에 관심을 많이 보이면서였다. 장난감을 꺼내 놓으면 본인이 먼저 검사하려는 듯 냄새를 맡아보고, 때려보고, 물어 가져가려고 시도하거나 부둥켜안고 놀려고 했다. 모찌는 소리가 나는 단하의 장난감에서 눈을 떼지 못했고, 단하는 벌써부터 아기집사 노릇을 하려는 건지 모찌의 장난감을 손에 쥐고 허공에 휘두르는 광경을 심심찮게 볼 수 있었다. 나중에는 둘이 한 장난감을 가지고 투닥거릴까 걱정이 될 정도로 취향이 비슷했던 둘의 행동 덕분에 나는 아이와 고양이를 키우는 게 아니라 연년생 형제를 키우는 기분이 들곤 했다.

울 때 역시 그들은 한 형제 같은 느낌이었다. 단하의 우는 소리가 들리면 어딘가에서 나타나 주변을 서성이며 아이 울음이 그치기 전까지 냐옹~ 거리는데, 울지 말라고 타이르는 것처럼 들렸다. 반대로 모찌가 밥그릇 앞에서 밥을 달라고 소리치면 단하는 어김없이 옹알이를 하며 놀이매트를 내려치곤 하는데 모찌에게 밥을 주라고 재촉하는 것처럼 느껴졌다.

두 아이는 사고치는 것 또한 많이 닮아 있었다. 화분의 잎을 손으로 뜯는 단하를 보면, 높은 곳에 뛰어 올라가다 화분을 엎어버리는 모찌의 모습이 겹쳐 보였다. 나중에 둘이 합동작전으로 사고를 치지 않을까 걱정이 되긴 하지만, 서로에게 형제처럼 친구처럼 함께 커갈 수 있는 상대가 있다는 게 얼마나 행복한 일인지를 생각하면 그 정도 고생쯤은 감수해야 한다고 스스로를 다독이곤 한다.

단하가 이유식을 시작하고부터는 폭발하는 식탐으로 웃지 못할 일도 생겼다. 혼자였더라면 자기 음식만 먹고 투정 부렸을 것이 분명했을 단하가 모찌가 먹고 있는 음식에까지 손을 뻗치다 제지를 당하거나 그 조그마한 손으로 그릇에 담긴 음식을 먹겠다고 잡아 당기다 바닥에 쏟는 일도 허다했다. 좋다고 웃는 단하와 어리둥절한 모찌, 그리고 수습하느라 진땀 빼는 엄마와 아빠까지, 바람 잘 날 없는 하루가 계속되지만 그런 과정이 있기에 한 가족이라는 생각이 드는 것 아닐까?

누군가와 친해진다는 것은 어렵고, 서로 말을 할 수 없는 사이라면 더더욱 그렇다. 사람 사이에도 어려운 일을 아이와 고양이가 함께 배워 간다는 것이 엄마로서 정말 기특하고, 때문에 둘의 성장 과정이 더욱 더 소중하게 느껴진다. 이제는 억지로 붙여놓지 않아도 모찌는 단하와 한 침대에서 자려고 할 만큼 가까워졌다. 여기까지 오는 긴 시간동안 힘이 들었다. 하지만 함께한다는 소중함을 지키기 위해 포기하지 않고 백방으로 뛰었던 노력 덕분에 가족이라는 이름의 울타리를 지켜낼 수 있었다. 그 결과로 모찌에게 단하는 함께 할 가족으로, 단하에게 모찌는 사랑을 나누며 아껴야 하는 하나의 생명으로, 서로 마음을 나눌 수 있는 상대가 되었다. 단하와 모찌가 함께 성장할 앞으로가 더욱 기대된다. 🐾

글·사진 **김서연**

블로그에서 육아와 고양이, 살림에 관한 소소한 일상을 연재하고 있다.

나이 든 고양이와 산다는 것은

고양이와 함께, 오랫동안, 행복하게 사는 방법

나이 든 고양이를 보살피는 일은
관련 질환을 알고 미리 예방하는 것에서부터 시작한다.
설사 사랑하는 고양이를 떠나보내더라도
이를 올바르게 극복할 수 있는 방법을 알아두는 것이 좋다.

지금 키우고 있는 루리는 수의대 학생 시절 동물병원 실습 중에 처음 만났다. 당시 태어난 지 열흘도 채 되지 않아 눈도 뜨지 못한 루리를 한 주민분이 주워서 동물병원으로 데려온 것이 첫 만남이다. 루리의 모습에 짠함을 느끼고 있던 순간, 원장님이 "네가 한 번 키워볼래?"라는 말을 건넸고, 그날로 나는 루리를 집으로 데려와 집사의 삶을 시작했다.

고양이가 나이 든다는 것: 고양이의 질환

루리가 함께 한 지도 벌써 10년이 지났다. 새벽마다 '우다다'를 하며 가족들을 깨우고, 레이저 포인터 불빛을 보자마자 사냥 자세를 취하고, 사료를 순식간에 먹어치우고, 간식은 없어서 못 먹을 정도로 잘 먹고, 밥을 먹을 때면 여지없이 옆으로 다가와서 '차마 거부할 수 없는' 애절한 눈빛을 보내고, 창문을 통해 날아다니는 새나 바깥의 길고양이들과 기싸움을 하던 루리의 모습은 이제 보기 어려워졌다. 루리의 우다다를 보지 못한 지 오래되었고, 이제는 레이저 포인터를 봐도 시큰둥하다.

루리가 나이 들었다는 것은 식사 습관에서도 느낄 수 있다. 이제는 사료를 남기는 경우가 허다하기 때문이다. 루리는 나이가 들면서 간식을 먹는 습관도 변했다. 과거에는 어떤 간식을 줘도 바로바로 먹던 루리가 이제는 사료 외에는 간식을 거의 먹지 않게 되었다.

가장 큰 행동 변화는 바로 애교가 늘었다는 점이다. 활력은 줄었지만 반대로 애교는 늘어났다. 신기한 일이다. 과거에는 집을 오랫동안 비웠다가 돌아오면 자다가 앵앵거리며 뛰어나와 애교를 부리던 것이 루리의 거의 유일한 애교였다. 그것도 아주 가끔 말이다. 그런데 지금은 시도 때도 없이 먼저 다가와 애교를 부리고는 한다. 함께 자는 시간도 늘었다. 과거에 비해, 침대로 올라와서 같이 자거나 가만히 있는 내 옆으로 와서 몸을 기대고 자는 일이 부쩍 늘었다. 이렇게 나이를 먹으며 루리의 애교가 늘어난 것은 아마도 나이와 함께 외로움도 늘어났기 때문이다.

나이가 들수록 질병 발생률은 높아진다. 우리 루리 역시 고양이하부요로기증후군(FLUTD)이라는 비뇨기 질환을 앓고 있다. 물론, 눈과 턱 주변에 흰털이 늘어나고 홍채색 역시 부분적으로 변해가는 정상적인 노화의 변화도 있다. 노령묘에게 찾아오는 질병은 사전에 꾸준한 예방 노력이 필요할 뿐만 아니라 질병 진단 이후의 관리 또한 매우 중요하다.

질병 미리 예방하기: 고양이의 건강검진

질병과 함께 강조하고 싶은 것이 있다. 바로 건강검진이다. 사망한 고양이 100마리 중 절반인 50마리에게서 췌장 염증이 발견됐다는 보고가 있다. 췌장염은 굉장히 큰 통증을 유발하기 때문에 사람이나 개였다면 구토나 설사 등의 증상과 통증을 보였을 텐데, 거의 대부분의 고양이에게는 췌장염이 일반적이라 무증상인 경우가 많다고 한다. 게다가 고양이는 통증을 잘 표현하지 않는 경향이 있다. 그래서 실제로 고양이가 많이 아픈데도 이를 발견하지 못하기도 한다.

그렇기 때문에 고양이는 어쩌면 그 어떤 동물보다 정기적인 건강검진이 필요한 동물이라고 할 수 있다. 고양이에게 1년이라는 나이는 사람에게는 4~8년에 해당하는 긴 시간이다. 즉, 고양이에게 1년에 한 번씩만 건강검진을 해주어도 사람으로 치면 4~8년에 한 번씩 건강검진을 받는 꼴이 된다. 사람은 생애 전환기인 40살에 건강검진을 꼭 받지 않는가? 집고양이를 기준으로, 고양이가 만 6살이 되면 사람의 생애전환기인 40살과 비슷한 나이가 된다. 고양이가 6살이 넘어가는 이 시점을 기준으로 건강검진을 최소 매년 2번 정도는 해주는 것이 좋다.

노령묘가 있는 집에서 기억해야 할
대표적인 고양이 질환 7가지

갑상샘기능항진증

목 주변에 있는 갑상샘의 기능이 항진되는 질병. 노령 고양이에게서 잘 나타나는 대표적인 질병으로 노령묘의 약 10%가 걸리며 평균 13년령에 발병한다. 갑상샘에 종양이 생기거나 갑상샘 호르몬을 조절하는 뇌하수체 호르몬에 문제가 생겼을 때 발병한다. 약물투여와 외과수술로 치료할 수 있다.

악성종양

흔히 암이라고 불리는 악성종양. 노령묘에 많이 발생하는 암으로는 유선종양(유방암), 악성림프종, 난소암 등의 생식기 종양, 간·신장·방광 등 내부 장기에 발생하는 암, 흑색종·상피세포암 등의 구강암, 피부종양 등이 있다. 암에 대한 치료는 외과수술, 항암치료, 방사선치료 등 3가지 방법이 있는데, 최근 우리나라에서도 방사선치료가 가능한 동물병원이 등장했다. 암에서 무엇보다 중요한 것은 조기진단이기 때문에 건강검진이 필수다.

만성신장질환(CKD)

개보다 고양이에게서 더 많이 발생하는 질병으로, 노령묘의 30% 이상이 CKD를 가지고 있다. 흔히 4단계로 구분되며, 단계에 따라서 치료 방법이 달라진다. 치료가 아니라 질병의 진행 속도를 최대한 늦추면서 환묘의 삶의 질을 유지시키기 위해 노력한다. 구토, 설사, 기력소실 등의 증상을 보이는데, 중요한 것은 신장 기능의 70% 정도가 소실된 뒤에야 증상이 나타나기 시작한다는 점이다. 고양이는 워낙 아픔을 잘 숨기기 때문에 집사가 고양이의 CKD를 전혀 눈치 채지 못하는 경우도 많다. 그 어떤 질병보다 조기진단이 중요하다. 최근에는 조기진단 방법도 개발됐다.

퇴행성관절염

관절의 점진적인 변형으로 인해 관절부위에 생기는 염증. 1살 이상의 고양이 중 22%가 영상검사를 했을 때 퇴행성관절염 소견을 보이며, 12살 이상에서는 90% 이상 나타난다. 퇴행성관절염이 진행되면 통증이 심해지기 때문에 활동이 줄어들고, 높은 곳에 잘 오르지 못하고 다리를 저는 증상을 보인다. 평소 한 번에 뛰어오르던 곳을 못 뛰어오르거나 다른 곳을 한 번 거쳐서 올라간다면 의심해볼 수 있다. 약물치료와 함께 영양보조제, 처방사료, 다이어트, 수영 등의 물리치료가 도움이 된다.

당뇨

인슐린 분비가 이뤄지지 않아 생기는 1형 당뇨와 비만, 운동부족 등 후천적인 요인에 의해 발생하는 2형 당뇨가 있는데, 비만, 잘못된 식습관, 운동 부족으로 당뇨에 걸리는 고양이가 늘고 있다. 물을 많이 마시고 소변을 많이 보는 것, 체중이 감소하는 것, 활동량 감소, 털의 윤기 감소 등의 증상을 보인다. 인슐린 투여와 함께 식습관 개선, 운동요법 등을 통해 혈당을 잘 유지하면서 삶의 질을 개선하는 방향으로 치료한다.

심장병(심근비대증)

갑상샘기능항진증, 만성신장질환과 함께 6살 이상의 고양이에서 많이 발생하는 3대 질환 중 하나. 심장의 벽이 두꺼워지는 병이다. 고양이는 개와 달리 심장질환을 앓고 있어도 증상을 잘 보이지 않아 조기 진단에 실패하는 경우도 많다. 고양이가 조금이라도 호흡곤란 증상을 보이거나 기침을 한다면 검사를 받는 것이 좋다.

인지장애증후군

알츠하이머라고 불리는 '치매'와 똑같은 고양이의 질병이다. 11~14살 고양이의 30%가 인지장애증후군을 앓고 있다는 연구결과도 있다. 활동량 감소, 방향감각 상실, 수면양상 변화, 행동 변화, 화장실 변화, 상호작용 변화 등의 증상을 보인다. 잘 움직이지 않고, 방향 감각을 상실해 길을 잃거나 잠을 잘 자지 못하고, 안 하던 배변실수를 하는 등의 증상을 보인다. 이 중 한 가지 증상이라도 보인다면 동물병원에 가서 진료를 받아보는 것이 좋다.

기르던 고양이와의 이별, 그리고 새로운 만남
: 펫로스 증후군 극복하기

세르주 치코티(Serge Ciccotti)는 "반려동물이 죽으면, 남자들은 가까운 친구를 잃은 것 같은 슬픔을 느끼고 여자들은 자녀를 잃은 고통을 느낀다"고 말했다. 실제로 반려동물을 잃은 사람들 가운데 3/4정도가 직장과 사람 관계에서 어려움을 겪는다고 한다. 일명 펫로스 증후군(Pet loss Syndrome)을 겪는 것이다. 심지어 사랑스러운 고양이를 먼저 떠나 보낸 뒤에 그 슬픔을 이겨내지 못하고 스스로 생을 마감한 사람도 있다.

펫로스 증후군을 극복하는 방법으로는, 새로운 고양이를 입양함으로써 먼저 떠나보낸 고양이에 대한 슬픔을 이겨내는 방법을 추천하지만, 여기에는 몇 가지 주의사항이 있다. 주의사항을 지키지 않으면 자칫 두 번째 고양이는 그저 첫 번째 고양이의 대체품이 되어버릴 수 있다. 입양을 서둘러 결정하지 말고, 충분한 시간을 두고 가족 구성원 전체가 함께 고민하고 결정하는 것이 가장 중요하다. 특히 어린아이들의 경우 새로운 고양이를 바로 입양하는 것을 '이전에 기르던 고양이에 대한 배신'이라고 생각해 새로운 고양이를 미워할 수도 있다.

새로운 고양이를 입양한다면, 입양 초기부터 이전 고양이와는 완전히 다른 방식으로 바라보고 새로운 관계 형성과 추억을 쌓아야 한다. 기존 고양이와 다른 품종, 다른 성별, 다른 색깔의 고양이를 입양하는 것이 '이전 고양이의 빈곳을 채우기 위한 대체품'이 될 확률을 낮출 수 있다. 특히 이전 고양이와 똑같은 이름으로 부르는 일은 없어야 한다. 또 '이전 고양이는 안 그랬는데, 이번 고양이는 왜 그러지'라며 비교하고 미워해서는 안 된다.

마지막으로, 이전 고양이를 떠나보내고 새로운 고양이를 입양하는 것보다, 고양이를 잃기 전에 미리 새로운 고양이를 입양할 것을 고려해보라고 이야기하고 싶다. 새로운 고양이를 키울 생각이 전부터 있었고, 고양이가 나이가 들거나 아프다면, 미리 새로운 고양이의 입양을 생각하고 준비하는 것이 현명한 방법이 될 수 있다. 🐾

글·이학범

11년차 집사로, 수의학전문신문 [데일리벳]을 운영 중이다.
2017년에는 저서 [고양이님, 저랑 살만 하신가요?]를 출간했다.

집사 상식 테스트

고양이를 건강하게 키우는 데 필요한 지식을
나는 얼마나 알고 있을까?

Q1

반려동물의 사료를 바꾸려고 할 때 올바르지 <u>않은</u> 설명은?

① 첫째 날은 기존 사료 3/4, 새로운 사료 1/4를 급여한다.
② 둘째 날은 기존 사료와 새로운 사료를 같은 비율로 준다.
③ 셋째 날은 새 사료의 비율을 4/5로 맞춘다.
④ 새끼들은 적응이 빠르기 때문에 바로 새 사료를 급여한다.

정답 4번. 사료를 갑자기 바꾸게 되면 위가 놀라거나 설사를 유발!
반려동물의 사료를 바꾸려고 할 때는 3~4일 정도의 시간을 두고 적응을 시켜가며
바꾸는 것이 좋다. 그렇지 않으면 위가 놀라거나 설사를 유발할 수 있기 때문이다.
첫째날은 기존사료 3/4, 새로운 사료 1/4로 섞어 급여하고, 둘째 날은 5:5의 비율로,
셋째 날은 새로운 사료를 3/4으로 급여하고, 그 다음날부터는 새로운 사료만을 급
여하는 것이 좋다. 소화기관이 약한 새끼일수록 더 천천히 진행한다.

Q2

고양이에게 계속 개 사료를 먹이면 ○○○부족으로 실명한다?

① 시스테인   ② 메치오닌

③ 타우린   ④ 티아민

정답 3번.

고양이에게 지속적으로 개 사료를 먹이면 타우린 부족으로 실명할 수 있다. 고양이
가 스스로 합성하지 못하는 영양소는 타우린, 메치오닌, 시스테인, 아르기닌, 티아
민이며 이 성분은 꼭 사료에 포함되어 있어야 한다.

Q3

5kg 고양이의 1일 권장 수분섭취량은 얼마일까?

① 약 150ml   ② 약 250ml

③ 약 400ml   ④ 약 500ml

정답 2번. 몸무게 1kg당 50~60ml 수분섭취 권장!

고양이가 수분이 부족하면 방광염, 요로결석, 신부전 등이 올 수 있다. 고양이의 1
일 권장 수분 섭취량은 1kg당 50~60ml 정도이다. 즉 5kg 성묘 기준 1일 적정 수분
섭취량은 250~300ml이다. 수분이 부족하면 잇몸이 마르거나 잇몸과 피부의 탄력
성이 떨어지고 눈이 퀭해지며 소변횟수가 줄고 색이 진해진다.

Q4

고양이의 스트레스를 줄여주는 환경풍부화에 해당하지 않는 것은?

① 높은 곳에서 아래를 보며 쉴 수 있는 캣타워
② 발톱을 갈고 영역표시를 할 수 있는 스크래처
③ 아무것도 놓여있지 않은 탁 트인 공간
④ 고양이 마리 수 +1개의 깨끗한 화장실

정답 3번. 숨을 공간이 있어야 편안함을 느낀다!

고양이는 본디 나무를 타고 들판을 배회하며 사냥을 하는 야생동물이다. 본능을 해소할 수 있게 환경을 조성하는 환경풍부화가 필요하다. 캣타워, 스크래처, 모두 수 +1개의 화장실, 깨끗한 물과 밥그릇 등은 물론이고, 몸을 숨길 수 있는 장소가 있어야 불안함을 느끼지 않는다.

Q5

고양이가 개구호흡을 하는 원인이 아닌 것은?

① 스트레스   ② 더위
③ 비만   ④ 비대성 심근증

정답 3번.

고양이는 환경 변화 등의 이유로 스트레스를 받으면 개구호흡을 하는데, 안정을 취할 수 있게 도와주면 곧 진정된다. 무더위에 체온을 조절하기 위해 개구호흡을 할 때도 있다. 자주 개구호흡을 한다. 천식 등의 호흡기 질환이나 탈수, 빈혈, 심장사상충, 신부전, 비대성 심근증 등의 심장질환을 의심해 볼 수 있다.

Q6

기존 고양이와 새로 온 고양이를 합사하는 과정에서
적절하지 <u>않은</u> 행동은?

① 처음부터 같은 공간에 두지 않고 1~2일 격리한다.
② 둘을 처음으로 같은 공간에서 대면시킬 때는 숨을 수 있는
   케이지 등을 준비한다.
③ 짧게는 2~3일, 길게는 일주일 이상 시간을 두고 합사한다.
④ 합사과정에서 가장 큰 스트레스를 받을 새로 온 고양이를 먼저 배려한다.

정답 4번. 합사과정에서 큰 스트레스를 받을 첫째에게 애정표현을 듬뿍!

짧게는 2~3일, 길게는 일주일까지 합사를 단계별로 진행한다. 고양이를 새로 집에
데려왔을 때는 우선 둘을 다른 공간에 격리한 후 서로의 체취가 묻은 물건을 주어
냄새로 소개시킨다. 그 후 접촉할 수는 없으나 볼 수는 있게 두어 서로를 인지하고
탐색할 수 있게 한다. 마지막으로 둘을 같은 공간에 두는데 숨을 수 있는 공간도 함
께 마련해준다.

Q7

고양이가 장기간 대변을 보지 못하는 경우 의심되는 질병은?

① 거대결장증   ② 변비
③ 장폐색   ④ 하부요로 질환

정답 4번.

고양이 하부요로 질환은 요도가 막혀 배뇨에 문제가 생기는 질환이다. 고양이가 이
틀 이상 변을 보지 못할 경우 스트레스로 인한 단순 변비일 수도 있지만, 거대결장
증과 장폐색이 원인일 수 있으니 각별한 주의가 요망된다.

Q8

고양이가 침을 흘리는 경우, 의심 가는 질환으로 옳지 <u>않은</u> 것은?

① 구내염   ② 치조농루
③ 횡경막 헤르니아   ④ 설염

정답 3번.
고양이가 구내염, 설염, 치조농루 등에 걸리면 타액을 잘 삼킬 수 없어 침을 흘리게 된다. 치조농루는 치아를 턱뼈에 유지시키는 치주조직의 만성진행성 질환으로 치아가 흔들리다 빠지게 되는 병이다. 고양이가 침을 흘리면 최대한 빨리 병원을 가야한다.

Q9

고양이가 화장실 외의 장소에 배변하는 이유로 <u>틀린</u> 것은?

① 화장실 모래가 마음에 들지 않아서
② 화장실이 위치한 장소가 마음에 안 들어서
③ 화장실 청소상태가 불결해서
④ 주인을 골탕 먹이기 위해서

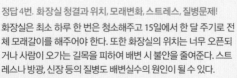

정답 4번. 화장실 청결과 위치, 모래변화, 스트레스, 질병문제!
화장실은 최소 하루 한 번은 청소해주고 15일에서 한 달 주기로 전체 모래갈이를 해주어야 한다. 또한 화장실의 위치는 너무 오픈되거나 사람이 오가는 길목을 피하여 배변 시 불안을 줄여준다. 스트레스나 방광, 신장 등의 질병도 배변실수의 원인이 될 수 있다.

다음 중 고양이의 분리불안 증상으로 옳지 <u>않은</u> 것은?

① 혼자 있을 때 밥을 먹지 않는다.
② 집사가 집에 돌아오면 도망가 숨는다.
③ 화장실에 가지 않거나 배변실수가 생긴다.
④ 함께 사는 다른 동물들을 이유 없이 공격한다.

정답 2번. 오히려 집사가 돌아오면 지나치게 반기는 경향을 보인다.

고양이도 본디 사회적 구조를 이루어 사는 동물이기 때문에 혼자 많은 시간을 보내면 외로움을 느끼고 분리불안이 생기기도 한다. 분리불안이 있으면 집사가 외출 후 돌아왔을 때 지나치다싶을 정도로 반기고, 혼자 있을 때는 계속 울거나 밥을 먹지 않고 화장실도 가지 않는다. 또한 갑자기 배변실수가 생기고 함께 사는 동물을 이유 없이 공격하며 화풀이를 하기도 한다.

다음 중 고양이 알러지 원인 물질을 포함하고 있는 것은?

① 침   ② 털
③ 비듬   ④ 발톱

정답 1번. 침샘에서 분비되는 Fel d 4(lipocalin)가 원인!

고양이 알러지를 유발하는 물질은 대략 5가지 정도인데, 가장 대표적인 물질이 침샘에서 분비되는 Fel d 4(lipocalin)항원이다. 그루밍시 털과 털의 비듬에 원인 물질이 침착되고, 이러한 피부와 털을 만지거나 호흡으로 들이마시게 되면 알러지 반응이 유발된다.

자료제공   한국반려동물관리협회 지정교육원 펫캠퍼스(petcampus.kr)

고양이, 인간에게 한 걸음 더 다가서다

반려묘의 증가와 고양이를 기르는 현대인의 심리

어쩌면 우리는 고양이를 도도하다거나,
자신이 원할 때만 주인을 찾는다는 등 관념에 사로잡혀 바라보았을 수 있다.
하지만 일반적인 이미지를 뛰어넘는 각각의 매력과 특징은 분명 존재한다.

고양이에게 매혹되고 있는 현대인,
과연 고양이의 '무엇'이 우리를 다독여주고 있는 것일까.

한국갤럽조사연구소에 따르면 2015년 고양이를 키우는 가구는 4%로, 개를 키우는 가구 15%에 비해 매우 적었다. 이는 약 1000가구를 표본으로 조사한 결과다. 하지만 2017년도 반려동물상품업체들의 보고서를 살펴보면 최근 들어 고양이 관련 용품 매출이 29% 가까이 증가했다. 전체 반려동물 매출이 8.7%, 개 관련 용품 매출이 8.8% 늘어난 것에 비하면 매우 큰 수치다. 확실히 반려묘가 늘어나고 있는 것은 사실인 모양이다. 이렇게 반려묘보다 반려견이 많아지는 경향은 미국이나 일본에서는 더 뚜렷하게 나타나는데, 이미 반려묘의 숫자가 반려견의 숫자를 추월한 상태다. 단, 미국 반려동물협회의 2012년 조사에 따르면 반려견은 가구당 평균 1.6마리가 살고 있지만 반려묘는 가구당 2.1마리를 키우는 것으로 조사되어, 반려묘의 숫자 자체(약 7천 4백만 마리)는 반려견(약 7천만 마리)보다 약 4백만 마리 더 많았으나 키우는 가정의 숫자는 개보다 6% 정도 적게 나타났다. 우리나라나 일본도 비슷할 것으로 보인다. 어쨌든, 고양이들이 근래 들어 인간의 친구로 각광받는 추세인 것은 분명한 모양이다. 그렇다면 그 이유는 뭘까?

개와 고양이,
어쩌면 인간이 부여한 이미지일지도 모른다

모든 개들이 그렇지는 않겠지만, 대개 개들은 위계질서를 따지고, 명령에 복종하고, 한번 모신 주인에게 충성을 다한다는 이미지를 가지고 있다. 개의 이런 이미지는 정치적으로는 보수적인 태도에 가깝다. 반면에 고양이는 명령 따위는 들은 체도 하지 않고 자기가 원할 때에 원하는 상대에게만 비비적거린다. 충성심이나 복종이라고는 찾아볼 수 없다. 그런 면에서 고양이는 체제에 불응하는 리버럴이나 좌파라고 할 수 있다. 실제로 미국의 2012년 대선에서 고양이 대비 개 소유주의 비율이 가장 높았던 10개 주는 모두 공화당 후보를 지지한 반면, 고양이 소유주의 비율이 가장 높은 10개 주에서는 민주당의 오바마를 선택했다. 또한 웨스트버지니아대학의 정치학 교수인 제이콥스마이어(M. Jacobsmeier)의 2013년 조사에 따르면, 개 소유주가 높은 비율을 차지하는 주에서 인종적 편견 역시 높은 경향을 보였다. 그러니까 어쩌면 개 애호가와 고양이 애호가를 가르는 가장 중요한 차이는 개와 고양이 그 자체의 차이가 아니라 이 두 동물이 상징하는 어떤 인간적인 가치일지도 모른다.

그럼에도 불구하고 모든 고양이는 같지 않다

고양이 세 마리를 키우는 집사 경력자로서 말할 수 있는 가장 분명한 사실은 고양이들은 모두 다르다는 점이다. 다른 모든 고정관념들이 그렇듯, 고양이를 잘 모를수록 고양이 일반의 특성을 말하기 쉬워진다. 예를 들어, 개보다는 고양이가 혈압과 맥박수를 낮추는 효과가 더 크다는 연구결과가 있는데, 아마도 개가 활발하게 주인의 관심을 바라며 주인을 각성시키는 반면, 고양이는 차분하게 다가와서 친근하게 비비거나 안기는 경향이 있기 때문이 아닐까 추정해본다. 그러나 이건 조용한 고양이와 사는 경우에 국한되는 효과다. 반례로, 우리 집 고양이 중 한 마리는 시도 때도 없이 절규를 곁들인 질책을 통해 오히려 집사들의 혈압을 올려놓는다. 이것이 필자만의 경험은 아닐 것이다. 그러니까 고양이들은 모두 다르다.

하지만 그럼에도 불구하고, 고양이를 좋아하는 사람들은 그저 고양이라면 다 좋아한다. 삼색이도, 검둥이도, 흰둥이도, 페르시안이나 아비시니안도 그냥 모두 고양이다. 그저 고양이라는 것만으로 충분한 고양이만의 특성이 존재하는 것은 분명해보인다.

현대인을 매혹하는 고양이의 특성: 내향성, 독립성, 고유성

고양이 집사들이 자부심을 느낄만한 과학적 연구결과가 있다. 미국 캐롤 대학교의 데니스 과스텔로(D. Guastello) 교수 연구진이 2014년 내놓은 논문인데, 이들은 대학생들을 대상으로 개를 좋아하는지 고양이를 좋아하는지를 묻고 성격검사와 간략한 지능검사를 실시했다. 조사결과, 개를 좋아한다고 답한 이들이 60%로 다수를 차지했는데, 이들의 성격은 활발하고 사교적이며 규범을 잘 지키려는 성향이 상대적으로 더 높았다. 반면에 고양이를 좋아하는 사람은 11%에 불과하며 이들은 상대적으로 내향적이고 약간 신경증경향이 높았다. 특이한 점은 이들이 상대적으로 '개방적인 사고' 성향이 높았다는 점이다. 또한 지능검사에서 개 애호가들보다 약간 더 높은 점수를 받았다. 고양이를 좋아하는 사람들이 더 머리가 좋다니! 얼마나 뿌듯한가. 그러나 아주 좋아할 것만은 아니다. 심리학자 사무엘 고슬링(S. D. Gosling)에 따르면 실제로 고양이를 기르는 집사들은 외향성이 낮은 경향이 있다고 한다. 아시다시피 내 주변의 다른 이들과 같은 생각, 같은 행동을 하려는 경향이 사회성의 시작인데, 사회성이 낮다는 건 외따로 지낸다는 이야기다. 그런데 이렇게 혼자만의 세계에서 더 많이 지내다보면 남들이 하지 않는 행동을 할 가능성도 높다. 이게 잘 개발되면 개방적인 사고와 유니크한 상상력, 지적 세계의 성장으로 이어질 수 있지만, 기괴한 상상이나 지나치게 독특한 세계에 빠져들 위험도 존재한다. 이것들은 도시에서 혼자 사는 현대인들이 빠지기 쉬운 함정들과도 유사하다. 어쨌든, 고양이 집사들이 좀 더 내향적이고 독특한 성향이 있다는 점은 분명한 듯하다. 특히 남들이 고양이를 키우지 않던 시절부터 고양이에 매혹된 사람들이라면 더욱 그러할 것이다.

고양이의 알 수 없는 마음은 집사를 겸손하게 만든다

반려묘와 사는 사람들은 스스로를 주인이 아니라 집사라고 인식하고 표현한다. 미국에서도 반려견에 대해서는 소유주라고 표현을 하지만 고양이에 대해서는 소유당한 사람들로 표현한다. 이런 겸손한 자세는 지적인 자극과도 연결된다. 이미 잘 알고 있으면 더 이상 알기 위해서 배우거나 노력할 필요가 없다. 하지만 고양이 집사들은 그렇지 않다. 고양이는 격하게 화가 난 경우를 제외하고는 정말 무슨 생각을 하는지 알기 어렵기 때문이다(사실은 고양이 본인도 잘 모르는 것 같다). 개의 표정이 다채롭고 마음속을 투명하게 드러내는 반면, 고양이들은 늘 무표정에 가깝다는 점도 원인이다. 고양이는 좋다고 그르렁거리다가 할퀴기도 하고, 열렬하게 하던 일에 느닷없이 무관심해지기도 한다. 당연히 집사들의 추정은 종종 빗나가며, 이런 실패의 경험은 집사들을 겸손하게 만든다. 그래서 집사들은 더 열심히 자기 고양이의 행동을 관찰하고 신호를 배우려 든다. 그 결과, 고양이 집사들은 정서적인 지능을 갈고 닦을 기회가 주어진다.

불안한 관계 속에서 안정적으로 기댈 곳을 찾는 현대인

그레첸 리비(G. M. Reevy)와 마이클 델가도(M. M. Delgado)는 개 주인들과 고양이 집사들의 성격적 차이를 좀 더 진지하게 분석했다. 그 결과는 실망스러웠다. 둘 사이의 뚜렷한 성격적 차이는 없었다. 오로지 개나 고양이를 키우지 않는 사람들과의 차이만 발견되었다. 그건 '접근–회피적 관계 성향'이었다. 간단히 말해서 남들과 친해지고 싶어 하면서도 너무 가까워지는 건 기피하는, 외로움은 싫지만 깊이 엮이는 건 더 싫은 성향을 말한다. 이런 경향은 애초에 태어날 때부터 기질적으로 그런 경우, 혹은 후천적으로 너무 가까운 관계에서 생겨나는 갈등, 질투, 의심 같은 문제들에 학을 뗀 사람들에게서 발견된다. 이들에게 개나 고양이는 매우 바람직한 상대다. 고양이가 다른 누구를 더 좋아할까봐 질투하거나, 고양이와 취향이나 의견 차이로 갈등을 하거나, 고양이가 딴 맘을 먹고 있다고 의심할 일은 없지 않은가.

정리하면 이렇다. 도시에 사는 현대인들이 고양이에게 끌리는 이유는 고양이 특유의 건강한 야생성 때문일 수도 있고, 고양이가 상징하는 리버럴한 이미지 때문일 수도 있다. 하지만 일단 고양이와 함께 지내다보면 당신은 고양이에게서 지적인 겸손을 배우고, 혼자 지낼 용기를 얻으며, 불안한 세상에서 기댈 수 있는 정서적인 안식처를 발견할 것이다. 바로 지금 현재 우리들에게 가장 필요한 '그것' 말이다. 🐾

글·장근영

애묘인이자 심리학자
[무심한 고양이와 소심한 심리학자] 저자이기도 하다.

FIGURES AND FACTS

반려동물 종별 비중 (2016년 기준, 통계청)

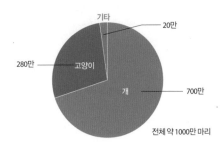

기타
20만
280만 고양이
개 700만

전체 약 1000만 마리

반려동물 시장 규모 (2017년 기준, 농협경제연구소)

2조원

2020년에는 5조 8천억 원에
이를 것으로 예상

반려묘 시장 매출 성장률 (2014~2016년 기준, 옥션)

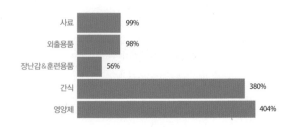

사료	99%
외출용품	98%
장난감&훈련용품	56%
간식	380%
영양제	404%

반려동물을 키우는 가구 비율 (2012년 기준, 미국 반려동물협회)

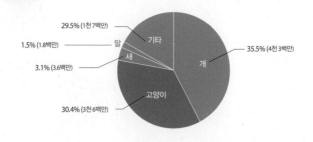

29.5% (1천 7백만) 기타
1.5% (1.8백만) 말
3.1% (3.6백만) 새
35.5% (4천 3백만) 개
30.4% (3천 6백만) 고양이

가구당 반려동물 수 (2012년 기준, 미국 반려동물협회)

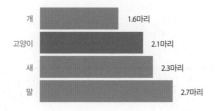

개 — 1.6마리
고양이 — 2.1마리
새 — 2.3마리
말 — 2.7마리

전체 반려동물 수 (2012년 기준, 미국 반려동물협회)

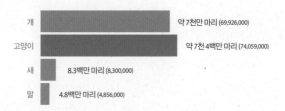

개 — 약 7천만 마리 (69,926,000)
고양이 — 약 7천 4백만 마리 (74,059,000)
새 — 8.3백만 마리 (8,300,000)
말 — 4.8백만 마리 (4,856,000)

존재만으로도 힘이 돼!

내 어깨 위 고양이, 밥 (2016)

"고양이는 친구 같다"

고양이를 왜 좋아하냐는 나의 질문에 누군가가 한 대답이다. 고양이는 강아지처럼 살갑지 않다. 그저 조용히 옆에 있을 뿐이다. 고양이가 무릎 위로 올라오는 건 그저 무릎이 따뜻해서일 뿐이라는 말도 있지 않은가. 하지만 곁에 있다는 것만으로도 위로가 되는 존재, 그것이 고양이다.

우린 모두
특별해질 거예요, 분명

a street
cat named
Bob

내 어깨 위
고양이, 밥
2017년 1월 4일 COMING SOON

ⓒ누리픽쳐스

[내 어깨 위 고양이, 밥]의 고양이 '밥' 역시 버스킹 뮤지션 제임스에게 그러한 존재다. 밥을 만나기 전, 제임스의 삶은 아무런 희망도 미래도 없어 보였다. 11살이라는 어린 나이에 부모님의 이혼과 아버지의 재혼으로 혼자가 되면서 마약에 손을 댔고, 이후 삶은 나락으로 빠져버렸다. 단돈 몇 푼이 없어 굶을 수밖에 없고, 배고픔을 이기기 위해 쓰레기통을 뒤지기도 했다. 길거리 연주로 번, 그나마 얼마 되지 않는 돈은 약물을 사는 데 썼다. 제임스는 약물치료 프로그램에 참여하는 등 이런 삶에서 벗어나려고 무던히 노력하지만 주변 환경 탓에 번번이 실패하고 만다.

그런 제임스의 앞에 고양이 한 마리가 나타난다. 제 한 몸 건사하기도 힘들었던 그는 고양이의 주인을 찾아주려 애쓰지만 실패하고, 결국 '밥'이라는 이름을 지어주고 함께 살게 된다. 혼자서도 벅찬 삶에 군식구 하나 늘어난 셈인데, 이 귀여운 침입자로 인해 제임스의 삶은 변화하기 시작한다. 그것도 아주 긍정적으로! 구경꾼도 없이 쫓겨나기 일쑤였던 제임스의 길거리 공연은 어깨 위에 올라탄 고양이 밥덕분에 인산인해를 이루고, 이후 나선 '빅 이슈' 판매도 순항을 거듭한다.

고양이 밥 덕분에 맺은 이웃들과의 만남도 지속되었다. 그러나 시련은 언제나 있는 법. 유명세를 질투한 주변인들로 인해 어려움에 직면하지만 제임스와 밥은 서로 의지하며 이겨낸다. 그러던 어느 날, 피치 못할 사정으로 밥을 잃어버린다. 가장 큰 위기가 닥친 것이다. 제임스는 다시 마약에 손을 댈 뻔 한다. 하지만 밥은 끝내 집을 찾아 되돌아왔고, 결국 제임스는 밥이 해낸 것처럼 중독에서 벗어나 새로운 삶을 살게 된다.

영화는 매우 담담하게 둘의 이야기를 들려준다. 때로는 고양이 밥의 시선에서 장면을 보여주는데, 이는 이 영화가 제임스만의 이야기가 아닌, 고양이 밥의 이야기이기도 하다는 의미다. 제임스가 밥과 함께 살기로 결정했듯, 밥 역시 제임스를 선택했다! 교감은 때때로 언어 이상의 것을 통해 이루어진다. 기댈 수 있는 누군가가 곁에 있다는 것, 그 사실만으로도 우리 인생은 달라질 수 있다. 참고로 이 영화는 실화이다. 둘의 이야기는 책으로도 출간되어 베스트셀러가 되기도 했다. 영화 속 밥 역할은 실제 고양이 밥이 직접 출연해 연기했다고 한다. 연기 천재 밥의 귀여운 모습과 카메오로 출연한 실제 주인공 제임스 보웬을 발견하는 재미는 덤이다. 🐾

에디터 · 김주현

ⓒ누리픽처스

ⓒ누리픽처스

단 한 줄의 지혜를 얻기 위하여

뮤지컬 '캣츠'

고양이에 관한 음악 리뷰를 써야 한다고 했을 때, 가장 먼저 떠오른 것은 뮤지컬 [캣츠]였다. 제목부터 '고양이'라니, 너무나도 단순하고 직관적인 선택이 아니던 가. 서둘러 다른 음악들을 찾아보았으나, 결국에는 다시 원점으로 되돌아왔다. 고양이를 이야기하는 데 이만한 이야기가 있을까.

1148년에 노벨문학상을 수상하기도 한 영국출신의 작가 T. S. 엘리엇은 그의 손자들을 위해 [주머니쥐 할아버지가 들려주는 지혜로운 고양이 이야기(Old Possum's Book of Practical Cats)]라는 우화시집을 냈는데, 이 시집이 바로 뮤지컬 [캣츠]의 원작이 된다. 시가 원작이 되다보니 이 공연을 본 관객들은 기대하던 만큼의 이야기를 얻어가기는 힘들 수도 있다. 대신 시에도 등장하는 고양이 한 마리, 한 마리의 정체성과 특징들을 보여주기 위해 다채로운 방법을 사용한다. 캐릭터에 맞는 각각의 안무, 의상, 그리고 음악스타일까지 세세하게 공을 들여 고양이들의 개성을 한껏 표현한다. 이렇게 달빛 아래 빛나며 인간보다 더욱 인간답게 된 신비로운 고양이들! 시를 바탕으로 하고 있지만 온전히 즐길 쇼가 되기 위한 창작자들의 노력이 엿보인다.

시에는 없는 서사도 등장한다. 일 년에 한 번 천상의 세계로 인도될 단 한 마리의 고양이를 뽑기 위해 고양이들이 젤리클 볼이라는 곳에 모인다. 이 장치를 통해 관객들도 고양이들의 쇼에 나름의 개연성을 부여해서 즐길 수 있고, 결과적으로 고양이들의 캐릭터와 행동들에도 일말의 당위성이 생긴다. 재미있는 점은, 이 고양이들이 계속 지혜와 답을 갈망하며 늙은 선지자(그 역시 고양이다)를 찾고 그의 말에 귀 기울인다는 점이다. 사람과 똑 닮은 개성의 이 고양이들이 더 나은 세계로 가길 희망하며 그동안 계속 답을 찾아 간다는 것이 흥미롭다. 그리고 결국 그 고양이들은 공연의 말미에 "이 정도면 설명이 필요 없는데(무려 이미 2시간 가까이 공연해놓고는!) 보시다시피 우리는 사람들이랑 비슷해, 고양이는 개랑 달라!"라고 말한다. 그리고 결국 천상의 세계로 인도되는 고양이는 이제 늙어서 영화로운 시간이 다 저문 고양이 그리자벨라다. 그녀에 대한 연민과 삶에 대한 깨달음으로 그 단 한자리를 양보하는 고양이들이여……. 인간처럼 지혜를 찾아 헤매는 고양이들, 또 그 고양이들을 매개로 우리들의 사람을 돌아보기 원하는 인간들을 위한 우화이다.

엘리엇은 손자들을 만날 때마다 고양이에 대한 시들을 하나씩 손에 들려주었고, 그 시들을 모아 이 글의 머리에 말한 시집으로 엮어냈다. '주머니쥐'는 엘리엇의 별명이었다고도 하니 결국 주머니쥐 할아버지인 본인이 그의 손자들에게 들려주고 싶은 이야기들이 명확하고 영롱한 빛을 내는 보석처럼 이 시들에 숨어있다. 늙은 작가가 평생을 사유하며 단 한 줄의 지혜를 얻기 위해 펼쳤던 여정이 그의 아끼는 손자들에게 쉽게 전달되도록. 그리고 우리는 관객이 되어 이 지혜를, 고양이들을, 우리를 바라볼 기회를 얻었다. 🐾

글 · 채한울
뮤지컬 작곡가이자 음악감독이다.

고양이를 통해 찾아가는 삶의 여유

고양이는 내게 행복하라고 말했다 (2016)

고양이는 내게 행복하라고 말했다
에두아르도 하우레기 저, 심연희 역 | 1만 4천원 | 다산책방

"어느 날 고양이가 내게 말을 걸었다."

[고양이는 내게 행복하라고 말했다]의 주인공은 직장, 가족, 연인 뭐 하나 제대로 되지 않는 마흔을 앞두고 있는 광고 디자이너 사라다. 고향 스페인을 떠나 영국 런던에서 생활 중인 그녀는 중요한 회의를 앞둔 아침, 지하철에 발표 자료가 든 가방을 놓고 내리고, 겨우 회의실에 들어섰지만 쓰러지고 만다. 그리고 병원에서 뜻하지 않게 우울증 처방을 받게 된다. 이후 가족의 파산, 연인 호아킨의 바람 등 사건과 사고로 생각이 복잡해질 때마다 나타나 말을 거는 고양이 시빌. 경계하듯 이것저것 묻는 사라에게 말한다. "난 여기 들어주려고 온 거야. 네 말을 듣는 거지." 고양이와 이야기를 나누는 순간 사라는 고양이에게 입양된다.

이 책은 장편소설이지만, 치유소설, 힐링소설, 자전적 에세이 같기도 하다. 저자인 에두아르도 하우레기는 심리학자로서 인간의 삶에 웃음이 주는 변화와 유머를 연구하며 인간이 행복하게 살아갈 방법을 찾아주는데, 이 책에서는 고양이의 입을 통해 그 방법을 말해주고 있다. "인간은 자신의 삶을 바탕으로 이야기를 창작하고 그 안에서 살지만 지금 이 순간 일어나고 있는 가장 기본적인 진실에는 주의를 기울이지 않는다", "인간들은 생각을 너무 많이 하느라 정신이 없어서 정작 실제로 일어나고 있는 걸 보지 못한다"와 같은 현실적인 조언부터 "네 코를 따라가다보면 때론 차라리 몰랐으면 좋았을 걸 마주칠 때도 있는 법이야"라고 다독이듯 말하는 시빌의 말이 책망으로 들리지 않고, 거부감 없이 다가온다. 사라가 시빌을 통해 어떻게 성장하고, 또 어떤 부분들을 깨달아가는지 그 심리변화의 과정들을 눈여겨볼 만하다.

고양이 시빌과 사라의 말들에 공감을 하는 자신을 본다면, 역시도 누군가의 말 한마디가 필요했던 건 아니었을까.

"너 정말 행복한 거야?"라고. 🐾

에디터·**성스레**

 zzistagram   ···

♡ ◯ ◁   ⊓

좋아요 189개

귀도 코도 입도 발바닥도 핑쿠핑쿠
#핑쿠완다

hyoni_chichi ···

♡ ○ ▽   🔖

좋아요 117개

치치 녹았다옹
#브리티시쇼트헤어 #브리숏 #냥이 #냥스타그램 #치치 #귀요미

_mandookim ···

♡ ○ ▽   🔖

좋아요 74개

어디 다녀오냥
#산책다녀왔당 #수상한짓안했다 #그런표정안돼 #Cat #Catstagram
#Catlife #RussianBlue #고양이 #야옹이 #냥 #러시안블루 #러블
#미묘 #아갱이 #캣초딩 #개냥이 #반려스타그램 #냥스타그램
#냥이스타그램 #고양이스타그램 #만두

185

hslee_emma 팔로우 •••

♡ ⃝ ◁ 🔖

좋아요 38개

#지긋지긋한월요병 #일어나기싫다 #출근도싫다 #주말후유증
#넌왜그러고자니 #내이름은밤이다옹 #냥스타그램 #고양이목도리

zz_04.07 •••

♡ ⃝ ◁ 🔖

좋아요 24개

봉지 안에 소옥
#petstgram #kittie #scottishfold #집사 #캣스타그램 #냥집사
#고양이스타그램 #고양이그램 #펫스타그램 #애완동물 #애완묘
#고양이일상 #반려묘 #로랑이 #whitecat #슈렉고양이 #아기고양이

riso03 ⋯

♡ ◯ ▽   🔖

좋아요 8개

건강하게 오래 살자
#냥스터그램 #냥 #고양이 #catstagram #얌마 #얼굴샷 #클로즈업
#못생겨도매력짱 #사진빨 #애기냥같은노냥

---

luvhyong ⋯

♡ ◯ ▽   🔖

좋아요 8개

흉이접기
#샴 #샤미즈 #개냥이 #이건무슨자세냐 #무릎냥 #흉이

고양이 용어 사전

집사가 되기 위한 과정

분양, 입양: 산다, 판다라는 말 대신 사용

임보: 임시보호의 줄임말

남아, 여아: 수컷, 암컷 대신 사용하는 말

업둥이: 길에서 데려온(업어온) 고양이를 키울 때

집사: 고양이 보호자

아깽이: 새끼 고양이

책임비: 잘 키우겠다는 약속의 의미로 분양자에게 내는 돈. 일정기간이 지난 후 중성화 지원비 등으로 환불해주는 사람들도 있다.

품종

러브(러블): 러시안블루

놀숲: 노르웨이숲

컬: 아메리칸컬

터앙: 터키시앙고라

펠샨: 페르시안

아비스: 아비시니안

스콧: 스코티시폴드

브리숏: 브리티시쇼트헤어

아메숏: 아메리칸쇼트헤어

코숏: 코리안쇼트헤어

길고양이 관련

길냥이 : 길고양이, 야외에서 살아가는 보호자가 없는 고양이. 도둑고양이라는 말은 쓰지 않는다.

길천사 : 길고양이 등 유기동물. 길에서 사는 동물을 이르는 말.

캣맘 : 길고양이들에게 먹이를 주는 등 자발적으로 도와주는 여자. 길고양이 엄마 역할.

캣대디 : 길고양이들에게 먹이를 주는 등 자발적으로 도와주는 남자. 길고양이 아빠 역할.

성격 묘사

무릎냥이 : 사람 무릎에 앉기를 좋아하는 애교가 많은 고양이

접대묘 : 집에 온 손님을 반기는 사교적인 고양이

털색 묘사

턱시도 : 전체적으로 검고 목 주위와 배가 흰 고양이

고등어 : 회색~갈색 바탕에 검은 줄무늬를 가진 고양이

삼색이(카오스) : 세 가지 색(주로 검은색, 흰색, 주황색)을 가진 고양이

젖소 : 흰 바탕에 검은색무늬의 털을 가진 고양이

망토 : 배는 희고, 망토를 걸친 듯 등에 큰 무늬가 있는 고양이

치즈케익(치즈태비) : 노란 줄무늬(태비)를 가진 고양이

양말 : 발에 양말을 신은 듯 발쪽만 털 색깔이 다른 고양이

고양이 신체 묘사

젤리: 고양이 발바닥(분홍색 발바닥은 딸기젤리, 검정색 발바닥은 포도 혹은 초코젤리)

솜방망이: 고양이가 발톱을 드러내지 않고 있는 발 모습이 솜뭉치 같다는 표현

찹쌀떡: 고양이 발 모습이 찹쌀떡 같다 하여 붙여진 말

꾹꾹이: 어릴 때 젖 먹던 습관이 남아있는 것으로 발로 꾹꾹 누르는 행동

식빵자세: 고양이가 손과 발을 안쪽에 넣어 웅크린 자세, 갓 구워 나온 식빵 같다고 해서 나온 말

땅콩: 수컷 고양이의 고환을 말하는 고양이 용어, 땅콩을 떼다=중성화 수술을 했다.

뚱냥이: 뚱뚱한 고양이

빈땅콩: 중성화를 마친 고양이

고양이 행동 묘사

채터링: 캬캬~, 채채~ 등 사냥욕구를 제대로 충족하지 못할 때 내는 소리. 무언가를 잡고 싶을 때 입을 빠르게 떨면서 내는 소리.

냥바냥: 케바케와 같은 말로 고양이에 따라서라는 뜻

냥모나이트: 고양이가 잘 때 암모나이트처럼 몸을 동그랗게 말고 자는 것

스프레이: (소변으로)영역표시하는 행동

그루밍: 몸을 핥으면서 몸단장하는 것

우다다: 고양이가 뛰어다니는 것을 표현한 말

헤어볼: 고양이가 그루밍을 하며 삼킨 털을 토해내는 것(빗질을 잘 해주면 예방할 수 있다)

맛동산: 고양이 대변

감자: 고양이 소변. 고양이의 오줌이 모래로 굳어지면 감자와 같은 모양이 됨(감자를 캔다라고도 함).

발라당: 고양이가 배를 보이며 눕는 모습

골골송: 기분이 좋을 때 내는 소리로 골골골, 고르릉, 갸르릉 등으로 표현된다.

하악질: 위협적이거나 싫을 때 입을 크게 벌리며 하악 소리를 내는 것

개냥이: 고양이답지 않게 강아지처럼 잘 따르고 스킨십을 좋아하는 고양이

동공어택: 사냥할 때 동공이 확 커지는 것, 사냥할 때 말고도 놀랄 때도 커진다.

찹쌀떡: 토실토실한 고양이 발

장갑: 장갑을 낀듯 털색이 구분되는 발

똥꼬발랄: 고양이가 똥꼬를 쳐들고 발랄하게 날뛰는 데서 유래한 말로, 전체적으로 건강하다는 의미로 쓰임

그 외

고양인: 집사보다 좀 더 집요한 고양이 마니아를 일컬음

고양이별로 가다: 죽음을 이르는 말

네코노믹스: 고양이 신드롬으로 인한 경제적 효과를 일컫는 말로, 고양이를 뜻하는 일본어 네코와 경제학을 뜻하는 이코노믹스(Economics)의 합성어다.

캣글라스: 고양이가 좋아하는 풀. 고양이 마약.

캣닢: 고양이가 좋아하는 풀. 고양이 마약 (캣닢가루)

캣밍아웃: 고양이 키우는 것을 밝히는 일

PUBLISHER
전재국 Jaekook Chun

SUPERVISOR
김용진 Yongjin Kim
정의선 Euiseon Jeong

EDITOR-IN-CHIEF
김주현 Juhyun Kim

EDITOR
성스레 Seure Sung

PHOTOGRAPHER
최지환 Jeehwan Choi

DESIGNER
브레들리 Breadly

MARKETER
사공성 Seong Sagong
신지철 Jichul Shin
정은아 Eunah Jeong

PRINTING
동인AP Dong-in AP

SPECIAL THANKS
이동은 Dongeun Lee

2017년 8월 25일 창간
등록번호 파주, 라00047

블루진 BLUZINE
경기도 파주시 문발로 171 (문발동, 북씨티) 2F
031-955-5981, www.bluzine.com